中国人的活法

王充闾 著

天津出版传媒集团
天津人民出版社

图书在版编目（CIP）数据

中国人的活法 / 王充闾著 . -- 天津 : 天津人民出版社 , 2022.3

ISBN 978-7-201-17962-9

Ⅰ . ①中… Ⅱ . ①王… Ⅲ . ①历史人物 – 生平事迹 – 中国 – 古代 Ⅳ . ① K820.2

中国版本图书馆 CIP 数据核字 (2022) 第 025458 号

中国人的活法

ZHONGGUOREN DE HUOFA

出　　版　天津人民出版社
出 版 人　刘　庆
地　　址　天津市和平区西康路 35 号康岳大厦
邮政编码　300051
邮购电话　（022）23332469
电子信箱　reader@tjrmcbs.com

责任编辑　章　赪
封面设计　王　鑫

制版印刷　天津旭丰源印刷有限公司
经　　销　新华书店
开　　本　620 毫米 × 889 毫米　1/16
印　　张　16
字　　数　184 千字
版次印次　2022 年 3 月第 1 版　2022 年 3 月第 1 次印刷
定　　价　49.00 元

目　录

文人篇　是真名士自风流

女性篇　一缕香魂无断绝

君王篇

人事有代谢，
往来成古今

血腥家族

一

相对于“神圣家族”“黄金家族”，“血腥家族”一词，听起来未免有恐怖之感。无奈，这却是真实的，西晋王朝白痴皇帝当政时期的司马氏家族，确是这样。

登上洛阳的北邙山，人们会发现，山上山下，前后左右，陵冢累累，星罗棋布。无怪唐人王建有这样的诗句：“北邙山头少闲土，尽是洛阳人旧墓。旧墓人家归葬多，堆著黄金无买处。”看来，“邙山无卧牛之地”的说法，虽属形容，却并不为过。

原来，这里紧邻着恢宏壮观的帝京，前邻伊洛，后傍黄河，土层深厚，风水绝佳。俗谚云：“生在苏杭，死葬北邙。”因此，自东周起，中经东汉、曹魏、西晋、北魏，直至五代，历代帝王陵墓比邻而依。就连“乐不思蜀”的刘禅、被称为“全无心肝”的陈叔宝、“终朝以眼泪洗面”的李煜，这三个沦为亡国贱俘的后主，也都混到这里来凑热闹。

司马氏祖孙死后大都葬在这里，可是无论是司马懿的高原陵、司马师的峻平陵、司马昭的崇阳陵，还是司马炎的峻阳陵，却连个踪影也不见。据说，因为大野心家司马懿担心死后被人掘墓，临终前便嘱咐子孙，不起坟堆，不植树木，不立墓碑，不设明器，后终者不得合葬。这种形制的确立，影响了整个西晋王朝。所以司马懿父子三人连同四代帝王，以及统统死于非命的“八王”的陵寝所在，直到今天还是一个谜团。为了一顶王冠，生前决眦裂目，拼死相争，直杀得风云惨淡，草木腥膻，死后却连一个黄土堆堆也没有挣到自己名下，说来也够可怜的了。隋炀帝死得很惨，可是也还有一座孤冢留在扬州。“君王忍把平陈业，只博雷塘数亩田。”

当然，包括“八王”与杨广之流在内，他们活着的时候，就已经毫无价值可言，死后那些臭皮囊更是与草木同腐，甚至“骨朽人间骂未销”，被牢牢地钉在历史的耻辱柱上。人们知不知道他们的埋骨地，似乎也没有什么打紧。

由于这里地脉佳美，那些帝王公侯及其娇妻美妾都齐刷刷、密麻麻地挤了进来，结果就出现了这样一个有趣的现象：生前无论是胜利者、失败者，得意的、失意的，杀人的抑或被杀的，知心人还是死对头，为寿为夭，是爱是仇，最后统统都在这里碰头了。诚如《列子》所言：“万物所异者，生也；所同者，死也。生则有贤愚贵贱，是所异也；死则有臭腐消灭，是所同也。”后世词曲中也说：“列国周秦齐汉楚。赢，都变做了土；输，都变做了土。”“纵有千年铁门槛，终归一个土馒头。”

关于这一点，莎士比亚也讲了。他在剧作《哈姆莱特》中，借主人公之口说，谁知道我们将来会变成一些什么下贱的东西，谁知道亚历山大大帝的高贵的尸体，不就是塞在酒桶口上的泥土？哈姆莱特接着唱道：

恺撒死了，你尊贵的尸体也许变了泥把破墙填砌，啊！他从前是何等的英雄，现在只好替人挡雨遮风！

莎翁在另一部剧作里，还拉出理查二世去谈坟墓、虫儿、墓志铭，谈到皇帝死后，虫儿在他的头颅中也玩着朝廷上的滑稽剧。他是有意向世人揭示一番道理，劝诫人们不妨把功名利禄看得淡泊一些。当然，他讲得比较含蓄，耐人寻味。

而在中国古代作家的笔下，就显得特别直白、冷峻、痛切。旧籍里有一则韵语，讥讽那些贪得无厌，妄想独享人间富贵、占尽天下风流的暴君奸相：

大抵四五千年，著甚来由发颠？假饶四海九州都是你底，逐日不过吃得半升米。日夜宜官女子守定，终久断送你这泼命。说甚公侯将相，只是这般模样；管甚宣葬敕葬，精魂已成魍魉。

马东篱在套曲《秋思》中，沉痛地点染了一幅名缰利锁下拼死挣扎的浮世绘：

投至狐踪与兔穴，多少豪杰。鼎足虽坚半腰里折，魏耶？晋耶？……

蛩吟罢一觉才宁贴，鸡鸣时万事无休歇。何年是彻？看密匝匝蚁排兵，乱纷纷蜂酿蜜，闹攘攘蝇争血……

他分明在说，社会人生，充满了不确定性。列国纷争，群雄逐鹿，最后胜利者究竟是谁呢？魏耶？晋耶？应该说，谁也不是。宇宙千般，人间万象，最后都在黄昏历乱、斜阳系缆中，收进历史老仙翁的歪把葫芦里。

当然，这么说，并不意味着一切都是虚无。败叶飘飞、泥沙俱下之后，总会有精金美玉存留下来。体现着生命自由与人文觉醒的“魏晋风度”，就正是这么生成的。

二

按说，一个刚由分裂达到统一的朝代，总该面貌一新、有所建树吧？那也未必。西晋王朝结束了魏、蜀、吴三国割据政权的统治，实现了“天下大势，分久必合”。可是“合”了以后，比“分”的时候更乱、更糟，昏天黑地，一塌糊涂。而且为时很短，整个王朝传了四帝，满打满算，仅仅五十二年，是一个名副其实的短命王朝；如果从它出兵灭吴，到最后一代皇帝被俘、都城沦陷，实际上，统治中国不过三十年。

一般来说，一个新兴的政权，总会比垮掉了的旧政权具有活力，具有较强的施政能力。西晋王朝却是例外。司马氏为了夺得政权，处心积虑几十年，把一切精力都放到如何谋国、如何篡位上，而当真正成为九五之尊时，已经到了第三代，此时恰恰进入了危患重重的瓶颈期。当政者从根本上就不具备那种挽狂澜于既倒的决策能力，到头来，就只有灭亡了。对此，宰相何曾早有预感。一次，他对儿子说：国家刚刚创业，应该朝气蓬勃，才是正理。可是我每次参加御前会议或者皇帝的宴会，从没有听到谈过一句跟国家大局有关的话，只是说一些日常琐事，这可不是好现象。你们或许可以幸免，到了孙儿那一辈，恐怕就逃不脱灾难了。

对于这个王朝腐败的成因，著名史学家陈寅恪先生是这样分析的："西晋一朝之乱亡，乃综合儒家大族与法家寒族之劣点所造成者也。"本来，两个异质集团结合在一起，其优点、劣点的"存活率"是各占一半的；但在有些情况下，优点未能得到发扬，劣点却充分显示出来。这令人想起英国大作家萧伯纳讲的笑话。一个女演员对萧伯纳说："如果我们结合在一起，以你的聪明和我的漂亮，生出来的孩子肯定非常理想。"萧伯纳说："如果反过来，以我的丑陋和你的愚蠢，生出的孩子又将如何？"西晋就正是这样。

"艰难困苦，玉汝于成。"往古来今，哪一个王朝的开基创业，不是经过数十载的浴血奋战，惨淡经营，才获取成功，臻于郅治！因此，那些开国皇帝和创业元勋，都是大有作为的一代精英。唯独西晋王朝，以禅让的名义，未曾动用一兵一卒，就从曹魏手中接管了天下。而第一代当政的司马炎，原本就是一个花花公子、纨绔子弟；又兼他登上帝座之后，整个朝廷已经没有可用之人，凡是有才能的都被他的父、祖辈赶尽杀绝，侥幸存活下来的，也都选择逃避、忘却，转移伤恸，遁入清谈，懒于问事了。

说到这里，需要就"禅让"一词解释几句。这是魏晋时期一种特别显眼而且层出不穷的政治现象。当时，有个美好的说法，称为“上袭尧舜”。实际上，所谓“异姓禅代”就是曲线谋国。

公元219年（汉建安二十四年），孙权被曹操打败，上表称臣，并奉劝曹操称帝。本来，篡汉自立，位登九五，这是曹操梦寐以求的事。孙权的劝进，对他来说，自是求之不得的。事实上，汉朝早已名存实亡，曹操手握一切权力，献帝不过是任其随意摆布的玩偶。只是慑于舆论的压力，曹操始终未敢贸然行事，不得不把皇袍当作内衣穿了二十多年。

当下，他就找来老谋深算的权臣司马懿试探一番，说：“孙权这小子劝我称帝，这简直是想让我蹲在火炉上受烤啊！”司马懿心里是透彻明白的，立即迎合说：“这是天命所归，天随人愿。”曹操听了，心中自是狂喜不止。可是还没有等到动手操作，他便呜呼哀哉，抛下的篡夺大业只能靠他的儿子来完成了。曹丕继位之后，经过一番“假戏真做”的三推四让，终于在公元220年登上了受禅台，是为魏文帝。

此后，司马氏祖孙三代，处心积虑，惨淡经营，心里想的、眼睛看的、天天盼的，仍然还是皇位。魏文帝死后，司马懿又辅佐了明帝曹睿、幼帝曹芳。最后，这个四朝重臣终于按捺不住了，趁着曹芳外出祭祀机会，假借皇太后的命令，在城内指挥政变，铲除了政敌，独揽了曹魏王朝的军政大权。曹芳名义上还是皇帝，实际上成了傀儡。曹氏宗室被迫迁居于洛阳城内，不准相互往来、自由进出。

司马懿死后，由他的儿子司马师、司马昭相继执政，他们竟然用灭族的惨刑，杀戮曹氏集团中人。公元254年，司马师废黜曹芳，立曹髦为魏帝；六年后，司马昭又杀了曹髦，立曹奂为魏帝。公元 265 年，司马昭的儿子司马炎，完全按照“汉魏故事”进行禅代，从曹奂手中夺得了皇权，是为晋武帝。一百五十五年以后，宋主刘裕“依样画葫芦”，接受了东晋恭帝的“禅让”，即皇帝位。一切处置“皆仿晋初故事”。恭帝被废为零陵王，第二年就被刘裕杀掉了。

从公元 220 年曹魏代汉，到公元 420 年刘宋代晋，二百年“风水轮流转”，历史在原地划了一个魔圈。三次朝代递嬗，名曰“禅让”，实际上，每一次都是地地道道的宫廷政变，而且伴随着残酷、激烈的流血斗争。

三

晋武帝司马炎篡夺曹魏政权后，接受曹魏没有分封诸侯王，致使皇室孤立，失去应有的屏藩的教训，封皇族二十七人为诸侯王。这些诸侯王大都是野心家，他们有封地，有武装，有的还掌管着中央或者地方的军政大权，这样就形成了强大的割据势力。结果，不但不能屏藩帝室，反而成为皇族内乱的根源。

待到司马炎一死，统治集团内便发生了争权夺位的斗争，太后与皇后、皇后与太子、中央与诸侯王、诸侯王与诸侯王之间，发生了一连串的军事混战与政治残杀。从公元 291 年开始，先后有八个诸侯王参加夺权，互相攻伐，如群兽狂斗。他们是：汝南王司马亮、楚王司马玮、赵王司马伦、齐王司马冏、长沙王司马乂、成都王司马颖、河间王司马颙、东海王司马越。史称“八王之乱”。

继承武帝的是惠帝，即“白痴太子”司马衷。他只知道寻欢作乐，坐享其成，从小衣来伸手，饭来张口，十多岁了，还认不上几个字，经常是，上午教会，下午又忘了。宫人们背后说他“蠢钝如猪”。有一次，随从们说，老百姓灾年日子难过，许多人都饿死了。他却奇怪地问：“这些人怎么这么呆？他们怎么不吃肉粥呢？”由这样一个痴茶呆傻的人来做皇帝，必然沦为“聋子的耳朵——配搭”。

他登极之后，一切实权便由他的骄横跋扈的外祖父杨骏把持着。而他的皇后贾南风，却是个野心勃勃、阴险凶悍的角色。她拉拢其他几个皇室成员，兴风作浪，也要争夺最高权力。从此，西晋王朝统治集团内部你死我活的夺权斗争，就拉开了大幕。

杨骏一旦大权在握，便迫不及待地树立个人威信，极尽拉拢之能事，他把全国官吏全部提升一级，参加了皇帝丧事的提升两级；二千石以上的大官，又都加封为关中侯。这引起了群臣的非议。有的说，三皇五帝到如今，还没见皇帝尸骨未寒就给臣子论功加封的。于是贾后便出面联络了几个忌恨杨骏的藩王和大臣，通过制造杨骏“阴谋谋反篡位”的舆论，逼令惠帝颁下讨伐诏书，命令楚王司马玮和东安公司马繇一起发兵，杀进相府，将躲藏在马厩中的杨骏刺死，同时捕杀了他的亲属、死党，诛火三族，达几千人。这是“八王之乱”中的首次祸乱。

紧接着，贾后又阴谋制造了第二次祸乱：她假惠帝之诏，召令汝南王司马亮入京，与开国元老卫瓘共同辅政，借以掩饰后党掌权的真相。不料，司马亮上台之后，便学习杨骏的做法，大封党羽，光封侯的武官就有一千零八十一人，有的竟连升三级。司马亮专横跋扈，作威作福，许多人都气愤不过。尤其是贾后，认为她的权力被架空，便再次逼迫惠帝颁发诏令，命令楚王司马玮火速进京，发兵讨伐司马亮和卫瓘。司马玮对于司马亮和卫瓘早已恨之入骨，巴不得立即把大权夺过来，于是很快就把两个人杀了。面对这种滥杀的场面，文武百官都仓皇失措，莫知所以。为了防止重新出现藩王专权的局面，贾后听信了太傅张华的进言，又以“专权擅杀”的罪名，处死了剽悍嗜杀的司马玮，连同他的亲信，夷灭三族，送掉性命的多达数百人。就这样，卸磨杀驴，获兔烹狗，贾后一个个地铲除了元老、强藩，终于达到了独揽朝纲的目的。

当时面临的最大问题，是由谁来继位接班。贾后虽然骄横妒悍，却没有武则天那样的才气与胆识，她不敢亲自临朝问政，但又绝不甘心由已定的东宫太子继承皇位。经过一番周密策划，终于把太子椎杀了。这在当时是冒天下之大不韪的，只好对外声称太子自裁，还扮演了一场“猫哭老鼠”的闹剧，哀恸逾常，并以王礼下葬。但是纸终究包不住火，结果又发生了第三次祸乱。贾后谋杀太子的阴谋败露后，赵王司马伦联合齐王司马冏兴师问罪，当即捉住贾后，逼着她喝下一杯金屑酒。临死前，贾后恨恨地说：“拴狗要拴狗脖子，我却拴了狗尾巴；杀狗要杀老恶狗，我却只杀了几只狗崽子。老娘今天死了，算是活该！”

司马伦不学无术，庸碌无能，却野心勃勃，凶残毒狠。他一面大开杀戒，乘机把所有的冤家对头一一送上刑场，一面将他的几个儿子全部封为王侯，自己出任相国，接着从惠帝手中夺取了御玺，称帝自立。尔后，又下了一场铺天盖地的“官雨”，不仅遍封徒党，而且连拥戴他的奴隶、士卒也都赏赐爵号，一时受封者达数千人。

赵王司马伦称帝才一个多月，齐王司马冏便首先发难。司马冏是参加过废除贾后的政变，立有大功的人。为了笼络住他，赵王伦又连续加封他为平东将军、镇东大将军。但司马冏哪肯就此罢休，便又联络成都王司马颖、河间王司马颙共同起兵，掀起了第四次祸乱。六路大军直逼洛阳，战火燃遍了黄河南北。司马伦兵败被杀，白痴皇帝司马衷重新登上皇位。这场“三王内讧”，历经六十五天时间，死亡达十万人之众。

在齐王司马冏执政的一年多的时间里，司马氏诸王之间争权夺势的斗争更加激烈，继续相互混战，爆发了长沙王司马乂对司马冏的战争，这是第五次祸乱。结果是洛阳城内飞矢如雨，火光冲天，经过三天的混战，司马冏连同其党羽两千多人被杀。

长沙王司马乂掌握中央大权之后，又爆发了第六次祸乱。河间王司马颙、成都王司马颖联合兵力讨伐司马乂。连续作战三个多月，死伤八九万人，最后，司马乂被烧得红红的炭火活活地烤死。

长沙王司马乂死后，河间王司马颙在长安任王朝的太宰、大都督；成都王司马颖却在邺城被立为皇太弟，成为皇帝接班人，担任丞相并都督中外诸军事，骄奢日甚，“有无君之心”，于是又引发了第七次祸乱。东海王司马越组织了十多万兵力进军安阳，结果被司马颖战败，亲征的晋惠帝也成为俘虏。

第八次祸乱是由东海王司马越发起的。他在山东被一些司马氏诸王推戴为盟主，聚众起兵，西向进攻关中。司马颙与司马颖兵败后，相继被司马越杀害，惠帝被劫持到洛阳，不久即被毒死，皇太弟司马炽被立为怀帝，从此，司马越独擅威权。八王之乱宣告结束。

“八王之乱”始于宫廷内部，由王室与后党之争扩大为诸王之间的厮杀；尔后，又由诸王间的厮杀扩展成各部族间的混战。司马氏集团的残忍性、腐朽性在这场泯灭人性的恶斗中表露无遗，展现了人性丑恶的一面。这场狂杀乱斗延续了十六年，西晋政权像走马灯一般更迭了七次。先后夺得权柄的汝南王、赵王、齐王、成都王、东海王，以及先为贾后所利用、随后又被贾后杀掉的楚王等，无一不是凶残暴戾的野心家、刽子手。

在这场战乱中，当权者晋惠帝及其八个兄弟，除一人存活外，八人死于非命。在他们来说，原是玩火自焚，咎由自取；可是却殃及几十万军民，京都洛阳和中原大地的广大劳动人民被推进了苦难的深渊，“苍生殄灭，百不遗一”，真是造孽无穷，祸莫大焉。更为严重的是，最后导致了十六国各族之间的大混战和持续三百年的大分裂，造成我国历史上空前的大曲折、大倒退，其祸患与罪恶真是无比深重！

四

毫无疑问，在中国两千多年间的封建王朝中，西晋司马氏家族是最贪婪、最腐败、最黑暗、最混乱的统治集团，集中了封建统治阶级所有的凶恶、险毒、猜忌、攘夺、荒淫、颓废等龌龊行为。

由于西晋的立国得益于宗亲与大臣的拥戴，因而司马炎登基后，便大封诸王，把他的一个叔祖父、六个亲叔叔、三个亲兄弟、十七个同族的叔伯和兄弟都封了王，加上原有的，诸王达到五十七个；同时，遍封功臣和世家大族为公侯，一次就封了五百多人。并且安排一些亲信、随从，担任附近郡县的太守或者县令。

这里有一个趣闻。那天，正当晋武帝满心欢喜地“大下官雨”时，忽然发现宫殿台阶下站着一个老翁，原来是会说笑话、又爱饮酒，给他喂马多年的姚馥。他一时高兴，便脱口而出：“任命你为朝歌县令。”可是老人却说：“我从远方来到京城，已经是很幸运了。县令，我不想当了，还是给陛下喂马吧！只要陛下常赐美酒，以乐余年，我就心满意足了。”武帝听了，说：“喜欢喝酒，这倒好办，那就改任酒泉太守吧。”

即位之初，晋武帝还装模作样地以勤俭立国、力戒奢华为榜样，曾当众把一件别人进奉的锦彩斑斓、装饰有野雉毛的“雉头裘”烧掉，赢得了朝臣的喝彩。可是到了后来，就渐渐地露出了骄奢淫侈的本相。他对魏明帝留下来的豪华宫殿大加修整，凡是当时最时髦的器物，他都要在宫内用上。

一天，晋武帝上朝时见大臣满奋身上发抖，便问他是不是病了。满奋说：“不是，小臣怕冷。”说着，指了指北面的窗户。意思是：满是缝隙，冷风不断地吹进来。武帝哈哈大笑道：“那是国外进贡的透明的玻璃。你不信，可以去摸一下。”满奋一摸，顿时觉得周围暖和了起来。

晋武帝穷奢极欲，荒淫无度，登极后，即选征中级以上文武官员家里的大批处女入宫；并极其荒唐地下令：选美之事尚未完毕时，禁止天下嫁娶。次年，又从下级文武官员和普通士族家中选征了五千名处女；灭吴后，又从吴宫宫女中选取了五千人。这一万多名宫女，如何照顾得到？于是他每天便坐着由羊拉着的车在宫里转悠，羊走到哪里停了下来，他便下车进屋。见此情景，一些宫女便把羊特别爱吃的竹叶插满门户，并把盐汁泼洒在地上。羊一见到竹叶，便径直赶来，皇帝也就下车住下。他就这样，日夜纵情淫乐，秽乱春宫。没料到，最后竟生下一个白痴的嫡长子，后来做了太子。

皇帝淫乱在上，士族和官吏自然也是竞相效尤。又兼由于朝廷的狂杀与滥赏，使得周围的官员感到得失急骤、祸福无常，经常处于紧张、虚无的状态，助长了纵情声色，颓废、放荡的风气。晋武帝率先倡导奢侈享受，夸靡斗富，他的亲信和大臣很多都是历史上有名的奢侈无度的人。开国元老何曾，一天花在三顿饭上的钱在一万以上，他的儿子何劭日食两万钱，比老子翻上一番。可是这还赶不上尚书任恺。免官之后，任恺每顿饭要花费万钱，举凡山林里的野味，河海里的珍鲜，在他的饭桌上应有尽有，但他还说“没有可以下箸的东西”。

而王济、王恺比任恺更为穷奢极侈。一次，武帝来到王济家，只见一百多个美女，身着绫罗，手擎琉璃杯盏，盛满珍馐美味，最后上了一个大琉璃盘，里面盛放一条乳白色的仔猪，异香扑鼻，入口即化，而且余味无穷。在武帝追问下，王济只好把秘方摊开，原来是用人乳喂养，又用人乳蒸出来的。王济偷偷地告诉武帝：人乃万物之灵，而人乳极富营养，妙不可言，就是人的体温也神奇无比。听说，中护军羊琇家里，冬天用人轮流用体温暖着酒瓮，这样酿出来的酒，色、香、味举世无比。

大官僚石崇，“资产累巨万金，宅室舆马，僭拟王者。庖膳必穷水陆之珍，后房（妻妾）百数，皆曳纨绣、珥金翠。而丝竹之艺，尽一世之选。筑榭开沼，殚极人巧”。当时，贵族间讲排场，时兴一种步障，像屏风一样，摆在道路两旁，用以遮尘灰、御风寒。武帝的舅父王恺，用绿色的绫罗裹着紫色的丝布做成步障，长达四十里；而石崇为了压过他，则用五彩缤纷的锦缎做成长达五十里的步障。王恺请客，叫美女吹笛子侑酒助兴，如果一不小心吹错了节拍，就叫人把美女打死；而石崇在酒宴上叫百把个美女轮流在席间歌舞、劝酒，遇有哪个客人没有干杯，那个劝酒的美女便要被杀头。武帝看到舅父王恺输给了石崇，便常常出面相助，在后面为王恺撑腰。这也是旷代奇观。翻遍了史书，哪曾见过皇帝帮助臣下夸侈斗富的？即此，足以想见当日奢风之盛行，朝政之腐败。

一次，王恺拿出皇帝给他的一株二尺高的枝条茂盛、璀璨夺目的珊瑚树，借以夸富。他以为，世上再也没有能够与之相比的。不料，石崇看后，操起一根铁如意来敲个粉碎，王恺气得要他赔偿，不然就拼掉这条老命。石崇却慢腾腾地说：“区区小物，也值得你这样大喊大叫！”说着便招呼手下的人把他收藏的珊瑚树全都搬出来，任王恺随意挑选。其中有六七棵三尺、四尺高的，枝条层层重叠，美艳无双，光彩夺目。王恺看了，顿时眼花缭乱，两颊飞红，惘然自失。

退休后，石崇在洛城的金谷涧，顺着山谷的高低起伏，修筑了一座占地十顷的豪华别墅，取名梓泽，又称金谷园。飞阁凌空，歌楼连苑，清清的流水傍着茂密的林木，风景绝佳，华丽无比。人们用“虽由人作，宛自天开”的话来称赞其高超的建园艺术。

其时，炙手可热的赵王司马伦当政，石崇由于把持爱妾绿珠不放，得罪了权臣孙秀，被诬唆使人谋杀赵王司马伦，遭到拘捕，绿珠坠楼而死；石崇及其兄长和妻子、儿女等十五人一齐在东市就戮；钱财、珠宝、田宅、奴仆无数，悉被籍没。就刑前，石崇慨然叹道：“想当年我老母去世时，洛阳仕宦倾城前来送葬，摩肩接踵，荣耀无比。今天却落到这满门遭斩的下场！其实，我没有什么罪。这些奴辈要我死，无非是为了侵吞我的全部资财！”他的话音一落，看押他的兵士就问道：“既然你知道万贯家财是祸根，为什么不早日散尽呢？”石崇哑然无语。

金谷园千古传扬，在洛阳可说是妇孺皆知。可是要考察它的遗址所在，却是个个摇头。真个是“豪华人去尽，寂寞水东流”。念及此，我曾以四首七绝抒写感慨：

圮尽楼台落尽花，谁知曾此擅繁华？
临流欲问当年事，古涧无言带浅沙。

残墟信步久嗟讶，帝业何殊镜里花！
叩问沧桑天不语，斜阳几树噪昏鸦。

茫茫终古几赢家？万冢星罗野径斜，

血影啼痕留笑柄，邙山高处读南华。

民意分明未少差，八王堪鄙冷唇牙。
一时快欲千秋骂，徒供诗人说梦华！

五

这是一个政治混乱、社会动荡、万方多难、世路维艰的时代；这也是一个突破百年的统治意识，重新寻找和建立理论思维的时代，是一个在精神上获得自由解放、最拥有智慧、最富于艺术创造性的时代。

战乱频仍，民生凋敝，社会呈现出多元、紊乱、无序、开放的状态，反映到思想文化领域，是儒学的禁锢日益衰弛，汉代经学五光十色的神圣光圈黯然失色，读书士子在经常成为政治的牺牲品的同时，得以解脱“名教”的束缚，而获得相对独立的自由，个体的智慧、才情有机会被承认与重视。

西晋一朝的士族阶层，物质生活比较优裕，而由于礼法的疏弛，精神生活则是闲适而宽松的。那些思想家和学者活动范围十分广阔，视野大大地扩展了。他们开始集中地对人的个性价值展开探讨与研究，个性解放的浪潮以锐不可当之势，冲破了儒学与礼教的束缚。一时，社会思想空前活跃，士人个性大为张扬，防止了集体的盲目，增强了创造、想象的自主性。他们开始有意识地在玄想与清谈之中寻求内在超越之路。

魏晋文化，上接两汉，直逼老庄，在相似的精神向度中，隔着岁月的长河遥相顾望，从而接通了中国文化审美精神的血脉。同时，又使生命本体在审美过程中活跃起来，自觉地把追寻心性自由作为精神的最高定位，以一种特定的方式实现生命的飞扬。体现着人的觉醒的“魏晋风度”，在中国文化思想史上，有许多戛戛独造之处。当我们穿透历史的帷幕，直接与那些自由的灵魂对话时，会在一种难以排拒的诱惑下，感受到审美人生的愉悦，自由心灵的驰骋。

魏晋名士大都有鲜明的个性、独立的人格。他们思想活跃，机智通达，风神高迈，容仪俊爽，出言清通简要、玄澹高渺。后人常以奇松、峭石、琼枝、玉树喻之，反映出他们行为举止的超拔特异。这在被鲁迅先生称为“名士的教科书”的《世说新语》中，有最充分的展现。

时代的飙风吹动了亘古的一池死水。一些作家、诗人，生当战事连绵、生计艰难、流离转徙之际，得以丰富阅历，深化思想，从而促进了文学创作的发展。政治上的不幸，成就了文学的大幸、美学的大幸，成就了一大批自由的生命，成就了诗性人生。他们以独特的方式，迸射出生命的光辉，为中华民族留下了值得叹息也值得骄傲的文学自由、美学自由、生命自由的时代，留下了文化的浓墨重彩。清代诗人赵翼在《题元遗山集》中有“国家不幸诗家幸，赋到沧桑句便工”之句，深刻地揭示了这种道理。当然，这也正是时代塑造伟大作家、伟大诗人所要付出的惨重代价。

大抵文学史上每当创作旺盛的时期，常常同时出现两个代表人物：一个是旧传统的结束者，一个是新作风的倡导者。曹操、曹植正是这样的两个人物。由于曹氏父子倡导于上，加之本身都是大文学家，当时又具备比较丰裕的物质生活条件和有利的创作环境，那些饱经忧患、心多哀思的文士们的创作才能得以充分地发挥出来。于是，建安才士源源涌现，多至数以百计，他们的诗赋文辞，特别是以曹植为代表的五言诗，达到了时代的高峰。这为西晋时期文学事业的飙升提供了坚实的基础。

魏晋时期一个特殊现象，就是文学“家族化”十分明显。许多家族一门多秀，文人辈出。他们一方面以家学渊源和文人化的创作形态为时代增光添彩；另一方面，又以世代相传的相近或相似的创作风格、创作经验使文学链条得以延续发展。

单以西晋而论，如傅玄父子、潘岳叔侄、陆机兄弟、张载三兄弟、左思兄妹等，都是相竞而生，相并发展的。正如南朝诗学大家钟嵘所说：“太康（晋武帝年号）中，三张（张载、张协、张亢）、二陆（陆机、陆云）、两潘（潘岳、潘尼）、一左（左思），勃尔复兴，踵武前王，风流未沫，亦文章之中兴也。”一时文华荟萃，人才辈出，流派纷纭，风格各异。继曹氏父子、建安七子之后，相继活跃在文坛诗苑中的正始诗人、太康诗人、永嘉诗人，薪尽火传，群星灿烂。

金代著名诗人元好问，在《论诗三十首》中概括汉魏至唐宋的主要诗家以及流派，一一加以论列。其中，至少五分之一说的是西晋诗人。

邺下风流在晋多，壮怀犹见缺壶歌。

风云若恨张华少，温李新声奈尔何？

这里说的是建安文学的流风余韵多存留于晋朝，也就是说，晋诗传承着、赓续着建安遗风。你看那大将军王敦，酒酣耳热之际，拿铁如意敲击着唾壶以为节拍，歌唱曹操所作的乐府诗，以至壶口尽缺，足见晋人之风流倜傥。至于钟嵘对晋人张华的诗的评论，“恨其儿女情多，风云气少”，就未免过于褊狭、苛刻了。如果他所说的是真，那么晚唐诗人温庭筠、李商隐的诗，又将奈何！他们的“新声”里的缠绵悱恻之情，可是远远超过张华呢！

西晋一朝，动乱不宁，为时短促，但是文学艺术方面的成就却是巨大的。“竹林七贤”多有名篇佳作传世，其中文学成就最高的是阮籍和嵇康，他们的《咏怀》诗、《大人先生传》和《幽愤诗》《与山巨源绝交书》一直传诵至今。“金谷二十四友”中为首的潘岳，与陆机齐名，是“太康体”的代表性作家，为西晋最有名的诗人，三首《悼亡》诗，笔墨之间深情流注，真切感人。就中尤以辞赋的成就为最大。左思《三都赋》一纸风行，时人竞相传抄，遂使洛阳纸贵。陆机的《文赋》，不仅是一代文学名作，在中国文学批评史上也是一篇重要文献。书法艺术方面，嵇康、邯郸淳等书写的古、篆、隶《三体石经》，乃世所罕见的书艺珍品；钟繇的楷书也是独步书坛，盛名久擅。

魏晋时期的学术研究硕果累累。对后世产生重大影响、一直流传至今的许多最重要的儒家、道家经典的传疏，如何晏的《论语集解》、郭象的《庄子注》、王弼等的《周易注疏》、杜预的《春秋经传解》，均成书于此时。陈寿的《三国志》，与《史记》《汉书》《后汉书》并称为“前四史”，被历代史家誉为最好的正史。西晋玄学、黄老之学对后世都有颇深的影响。

著名哲学史家任继愈先生曾经指出：“如果说，安世高所传佛教小乘学说，投合了当时某种厌弃社会人生、超脱现实的悲观主义需要，那么，支娄迦谶（支谶）所传佛教大乘学说，则是用精神上的自我安慰去顺应急剧变化着的社会条件的混世主义需要。”就是说，当日小乘佛教与大乘佛教在中原大地上的出现，正是以汉末社会的大动荡、大混乱为背景的。佛教文化之所以能在魏晋时期舒根展叶，同样也借助于当时有利的内部、外部环境。其时，儒学统治渐近废弛，崇玄、“贵无”、不执一端的思想普遍蔓延，这都予佛学广泛传播以可乘之机；而社会动乱、政治腐败、人心浮荡，“名士少有存者”的恶劣的社会环境，则为复兴先秦老庄诸子之学和接纳异质的佛教文明提供了条件。

魏晋时期，自然科学成就也颇有可观。数学家刘徽的《九章算术注》，运用了验证、类比、演绎推理等一系列科学方法，对晦涩难懂的原著加以明白晓畅的阐扬，并进一步提出许多意义深远的新理论。医学家王叔和的《脉经》不仅在中国影响巨大，而且先后于公元 6 世纪、11 世纪、17 世纪传到东亚、中东和欧洲，对世界医学做出了贡献。

就在那些帝子王孙、公侯贵胄骸骨成尘的同时，竟有如此显赫的学术成果、诗文杰作积淀下来，并流传广远，辉耀后世。这种“存在”与“虚无”的背反，是历史的吊诡，更反映出一种文明的规律。

陈朝的两口井

一

六朝上承两汉，下开隋唐，在中国文化、思想史上，是一个重要的时代。一千多年来，谈论它的话题数不胜数，就中以诗人骚客的寄志抒怀最具主观色彩，浓缩着多重意蕴、多种感慨。

唐代诗人杜牧风流倜傥，酿就了诗性人生，用“南朝四百八十寺，多少楼台烟雨中”来状写他所倾心的千里江南的无边秀色。而亲历明清之际天崩地裂的诗人钱谦益、龚鼎孳，或借金陵观棋以寄寓兴亡之感，叹息“白头灯影凉宵里，一局残棋见六朝”，或兴铜驼荆棘、世事沧桑之悲，苦吟“兴怀无限兰亭感，流水青山送六朝”，都是寄慨遥深，语调沉痛而凝重。

在这名篇络绎、万喙齐鸣的六朝诗册里，域外的文人、学者也不甘沉寂，最为脍炙人口的应属日本诗人大沼枕山的七绝，有句云：“一种风流吾最爱，南朝人物晚唐诗。”这代表了相当多人的一种艺术追求与审美情趣。

本文的话题也紧扣六朝，讲述的是这一历史时期最末尾的陈朝的两位皇帝。他们虽说也是“六朝人物”，却大抵属于“另类”，谈不上什么超逸洒脱，俊采风流。这两个人，一为创业奠基的开国皇帝，金戈铁马，叱咤风云，多的是王气、霸气、英雄气，而少了那种空灵俊逸的“六朝烟水气”；一为末代亡国之君，一个地地道道的纨绔子弟、花花公子，通身都是“六代绮罗”“秦淮金粉”，整天沉迷于烟柳繁华地、温柔富贵乡，同传统的“魏晋风度”更是毫不沾边。倒是同他们有着直接关联的两口古井，还有两种美食，脱除了那种朽腐、发霉的气味，也还“任是无情也动人”吧！

二

先从古井说起。

一口井叫作“圣井”，坐落在紧靠着太湖的浙江省长兴县。它的声名，与陈朝的奠基人陈霸先有着直接关系。

霸先庙号高祖，史称陈武帝，南朝梁天监二年（公元503年）出生于长城县（今长兴县）下箬里。据宋嘉泰年间《吴兴志》记载：

陈高祖圣井在州东广惠院，高祖初生，井泉涌出，家人汲以浴之，后名圣井。

到了明代隆庆年间，长兴县来了两位文豪出身的县官，散文大家归有光出任知县，著有《西游记》的小说家吴承恩当了县丞。前者撰文，后者手书，共同完成了《圣井铭并序》碑，然后立于井侧。碑文三百零一字，备述“圣井”的由来及其兴衰际遇。碑文四周饰以莲瓣，花纹古朴有致。1960年左右，《圣井铭并序》碑作为珍贵的历史文物，移立于县文化馆，并在“圣井”上面修建亭楼。这口井至今仍保存完好。井壁系由石块砌成，水面接近地面，深约十五米，直径一米五，水质清澈、甘甜，终年不竭。

陈武帝故居遗址，地形呈小岛式，四周有箬溪环绕，占地面积三十六亩。一千五百年过去了，于今，那种皇族巨室的威严气势仍然依稀可见。历代许多帝王都曾为它颁布过“天赐圣旨”，诗文碑刻林立，白居易、杜牧、朱熹、苏东坡等都曾驻足其间，留下了珍贵的墨迹。院内原有武帝手植银杏树一株，粗可数人合抱，20世纪60年代遭受雷击后，被村人锯掉。县城西北三十里，有巨石壁立如屏，高约五十丈，相传为武帝少时游钓之处，顶上开阔、平夷，有池一方，号“武帝磨剑池”。

陈霸先的祖上世居河南颍川；其十世祖陈达，于西晋永嘉年间随皇室渡江南迁，后来出任吴兴郡长城县令。因为喜欢此地的山川风物，遂在城东下箬里定居下来。《陈书》中记载，陈达当时预言：“此地山川秀丽，当有王者兴。二百年后，我子孙必钟斯运。”后来，果真应在了陈霸先身上。

我国古代素有“地灵人杰”之说，实际上体现了环境与人才的因果关系。陈霸先的崛起，颇得益于吴兴一带尚武争雄的社会风气。这里崇尚武功，有着悠久的历史传统。“世有陷坚之锐，俗有节概之风。”自春秋战国以迄六朝，吴兴一带涌现出许多著名的战将和武力强族。吴越之君皆勇，“故其民至今好用剑，轻死而易发”。齐梁之际，武力强宗开始向文化士族转型，但长城县崇军尚武之风依然未减。这里有一座斫射山，山下建有全国极为少见的射神后羿庙。由于山民皆习武善射，所以，就建祠设祭来纪念这位古代的英雄。

区域性的风土人情，潜移默化地影响着人们的个性与癖好。史载：霸先“少倜傥有大志，不治生产”，打鱼练武，兴趣广泛；“及长，涉猎史籍，好读兵书，明纬候、孤虚、遁甲之术，多武艺，明达果断”，为“当世推服”。

三

霸先是一位地道的“草根皇帝”。他门第寒微，乃“火耕水耨之夫，荜门圭窦之子”。少时，当过下箬里的里司，后在建康做了油库吏。梁朝末年，武夫称雄、龙争虎斗的时势，为他宏才大展提供了广阔的天地，造就了他这个乱世英豪。他以高超的武艺和出众的才识，深得梁武帝侄子、新喻侯萧暎的赏识与器重，被拔擢为中直兵参军，后又升任西江督护、高要太守。广州爆发兵乱，萧暎被困，霸先率三千精兵一战解围。从此崭露头角，一步步走向辉煌。后以始兴郡太守出兵讨伐侯景的叛乱，因为战功卓著，被拔擢为司空，领扬州刺史，镇守京口。当北齐入侵金陵时，霸先率部出击，使东南半壁免遭鲜卑的蹂躏，被官兵、百姓视为“民族英雄”。后来，在文武官员的拥戴下，这位一代枭雄终于代梁自立，是为陈武帝。在位不足三年，选贤任能，以恭行节俭、政治清明见称，于公元559年病逝。

史学家吕思勉先生认为：若论功业，陈武帝霸先实际是超过宋武帝刘裕的。当时，国门之外，虽然铲除了强敌，但是梁朝的残余势力还蠢蠢欲动，又兼面临着武夫专横、土豪割据的复杂局面，陈朝的开创之艰，实十倍于宋、齐、梁三朝而不止。宋武帝自私之意多，陈武帝则公忠体国。宋武帝于同时的侪辈大肆加以诛戮，而陈武帝则尽最大努力来收用降将，其度量之宽广，大有过人之处。

武将程灵洗，当陈霸先袭击石头城时，曾率兵进行激烈的抵抗，后来途穷力竭，被迫出降。霸先并未因此而心生芥蒂，反而倚之为心腹、授之以高位，看得出他的远见卓识，宽宏大量。程氏父子后来矢志尽忠，成了陈王朝的高层骨干和重要力量。

还有著名文学家徐陵，当日由北齐回到建康，深受陈霸先的政敌王僧辩的礼遇，徐陵也一直感念着这种知遇之恩。归陈后，奉命制作《九锡文》，为陈霸先代梁自立预做舆论准备。文中历数霸先起兵以来所有功勋，救广州，定交州，直到平侯景，抗北齐，多达二十二起，唯独略去了翦除王僧辩这一重大军事行动。当然不是由于疏忽，而是有意回避。陈霸先也就听之任之，表现了一位大政治家的豁达胸襟。

陈霸先的德行，还表现在恭以待人，俭以接物上。史称，武帝不贪钱财，不事挥霍，登上帝座之后，膳食简单几样，盛以瓦器蚌盘，绝不虚耗浪费。他的后宫妃子，衣服素朴，不施重彩，亦无金翠首饰，一应歌钟、女乐，不许陈列于前。这种高度平民化的生活作风，影响了当时的整个官僚阶层。

四

现在，再来说陈朝的另一口井。

公元589年，陈朝都城建康陷落，末代皇帝陈叔宝仓皇无计，与宠妃张丽华、孔贵嫔，相抱投入景阳宫井中。《南史》记载：隋兵攻入台城，不见陈后主下落，后发现此井，“既而军人窥井而呼之，后主不应。欲下石，乃闻叫声。以绳引之，惊其太重”；及出，才发现是三个人抱在一起。由于井栏石脉有胭脂痕，故名“胭脂井”；而诗文典籍中，通称为“辱井”，表明末代皇帝在这里丢失了江山，丧尽了人格、国格。

真是“无巧不成书”，一个“圣井”，一个“辱井”，八十六年间，风水轮流转，它们一始一终，遥相呼应，连接陈朝两个皇帝的传奇性命运。

陈叔宝史称陈后主，是陈武帝侄子（陈文帝）的侄子。他和武帝系祖孙，论血缘是一脉相承的，然而两人竟是那样的不同，说是“悬同霄壤”也不为过。

与武帝饱经忧患、戎马终生形成鲜明的对照，后主“生深宫之中，长妇人之手，既属邦国殄瘁，不知稼穑艰难”。（唐人魏徵语）自小就浸淫于“六朝金粉”“秦淮风月”的粉腻脂香、绮罗芗泽之中。这里还是江南的文薮，遍是“乌衣子弟”、文化家族，使他完全挣脱了“金陵王气”，而沾染了满身的文气。后主颇具文学天赋，有诗文集三十卷传世。最著名的应是那首流传广远的《玉树后庭花》了。

丽宇芳林对高阁，新装艳质本倾城。

映户凝娇乍不进，出帷含态笑相迎。

妖姬脸似花含露，玉树流光照后庭。

花开花落不长久，落红满地归寂中！

诗中以艳美的辞藻描画他的嫔妃们娇娆媚丽，堪与鲜花竞美争妍。但在“玉树流光”之余，也透露出盛衰无常的悲凉意味。

在后主现存的九十首诗中，内容艳冶轻薄、格调不高者居多；但就艺术性来说，语言流畅清丽，描写生动传神，还是颇具特色的。他间或也写些山水风光的诗句，清新可喜，体物入微，像“天迥浮云细，山空明月深”“思君如落日，无有暂还时”“烟里看鸿小，风来望叶回”“苔色随水溜，树影带风沉”等诗句，颇有唐人小令风致。

他的《独酌谣》四章，流传较为广远。唐代诗人卢仝曾袭用这一表述方式，写出著名的《七碗茶诗》。

独酌谣，独酌且独谣。

一酌岂陶暑，二酌断风飙。三酌意不畅，四酌情无聊。

五酌盂易覆，六酌欢欲调。七酌累心去，八酌高志超。

九酌忘物我，十酌忽凌霄。凌霄异羽翼，任致得飘飘。

宁学世人醉，扬波去我遥。尔非浮丘伯，安见王子乔！

撰写歌诗之外，他还是一位出色的音乐家，曾谱写《黄鹂留》《临春乐》《金钗两鬓垂》等曲调，与幸臣共制歌词，“被以新声，选宫中有容色者以千百数，令习而歌之，分部迭进，持以相乐”。

五

荣辱兴亡两口井，龙头鼠尾一局棋。

想那开基创业的陈武帝，闯枪林，冲箭雨，南北驰驱，出生入死，费煞移山气力，夺得万里江山；可是真正坐上龙墩，满打满算不足二年，最后便撒手尘寰。而到了末代皇帝后主手中，什么祖传基业，国脉民心，统统视之为轻烟，弃之如敝屣；整天拥着娇姬美女，伴着文人狎客，沉湎于烟柳繁华地、温柔富贵乡，骄纵奢侈，荒淫无度，过着醉生梦死、纸醉金迷的糜烂生活。

武帝雄才大略，朝乾夕惕，日不暇给；而后主终日流连酒色，不恤政事，荒淫误国。他的宠妃张丽华，进退娴雅，容色端丽，每当举目流盼，光彩照映左右。常于阁中靓妆，临轩倚槛，宫中遥望，飘若神仙；而且才辩无双，记忆力极强，善于观察人主颜色，因而得到后主的极度宠爱。后主临朝之际，常将丽华抱置膝上，共同决定国家大事。于是大臣们就通过宦官同她勾结，从事卖官鬻爵与制造冤狱等祸国殃民的勾当。

与武帝恭行节俭、爱民恤物相反，后主奢侈无度，认为现有的居处简素，未足为藏娇之所，遂起临春、结绮、望仙三阁，穷土木之奇，极人工之巧。凡窗牖、墙壁、栏槛之类，皆以沉檀木为之，饰以金玉，间以珠翠。服玩珍奇，器物瑰丽，皆近古所未有。阁下积石为山，引水为池，植以奇树，杂以名花。每当微风拂动，香闻数里，朝日初照，光映后庭，月明之夜，恍如仙界。

后主最大的癖好，一是美色，二是诗酒；整天拥着娇宠的张贵妃、孔贵嫔等八名美女，连同江总、孔范等十几名文人、“狎客”，在宫廷里举办诗歌酒会，自夕达旦，习以为常，无视民间疾苦，不理朝政。中书舍人傅縡进谏说：“陛下近来，酒色过度……小人在侧，宦侍弄权，忌恨忠良好像仇敌，俯视百姓直如草芥。后宫绮绣充盈，马厩到处都是菽粟，而百姓却啼饥号寒，流离蔽野，神怒民怨，众叛亲离。如果再不改弦易辙，臣恐东南王气，自此而尽。”

后主见报，勃然大怒，将他赐死狱中。从此，直臣皆缄口噤声，后主则更加骄奢淫逸，百姓生计日益迫蹙。

六

见到陈王朝如此腐败不堪，雄心勃勃的杨坚遂颁下诏令，历数陈后主二十大罪，挥师东进，大举伐陈。五路大军一齐向建康进发，陈朝的守将纷纷告急。而安卧台城的后主和宠妃、文士们，却每天照旧醉得七颠八倒，收到警报也不拆封，往床下一丢了事。后主说："东南一带是个福地，从前北齐攻过三次，北周也进军两次，都失败了。这次隋兵还不是照样来送死！"

兵临城下之日，尽管城里尚有十几万兵马，但那些宠臣、嬖幸哪个懂得指挥；将士被俘的被俘，投降的投降。隋军如入无人之境，当即把后主连同几个嫔妃一同俘获，然后押解到长安，去朝见隋文帝。文帝赦免了后主的罪愆，赏赐甚厚，后来还曾多次接见，为免他触景伤情，每次宴会上都不奏吴音、南乐。

其实，后主原本就不在乎这些。他几乎忘记了亡国贱俘身份，毫无愧怍之色。在随从文帝登上洛阳邙山侍饮时，腼颜赋诗曰："日月光天德，山河壮帝居。太平无以报，愿上东封书。"还有一次，后主请求文帝赐予他一个官职，说："每次出席陛下举办的宴会，我都因为没有具体的官职而局促不安。陛下可否赏赐给我一个职位，哪怕是个封号也好啊！"文帝听了，一脸不屑地说："陈叔宝真是全无心肝！"后来，文帝还曾这样评论过陈后主："如果他以作诗之功，来考虑如何治理国家，何至于此？我听说，当大军进逼京口时，下属频频告急，他却照常饮酒，了不省悟。待到搜索皇宫，发现那些奏启全都压在枕下，没有拆封。说来也真是可笑啊！"

文帝此言，当然在理。但在后主看来，却有点"南辕北辙""夏虫语冰"的味道。因为两个人的着眼点不同，衡量事物的标准也有很大差异：文帝是把他作为一个皇帝来要求的；而后主自己，每时每刻，都以浪漫诗人、风流才子自命，根本就没把君王、国主当回事。因而，哦诗度曲才是正业，至于"国家事"，纵不是"管他娘”，至多只能当作“副业”，偶一为之罢了。

后主病死于公元604年，得寿五十二岁。台湾著名学者柏杨有言：“陈帝国是南北朝唯一没有出过暴君的政权，但它最后一任皇帝陈叔宝，却是名声最响亮的昏君之一。”在政权走马灯般更迭，顶顶皇冠落地、处处杀人如麻的两晋南北朝时期，陈家五个皇帝，包括这个“名声最响亮的昏君”，居然人人皆得善终，说来也真是幸运。这同西晋王朝的司马氏“血腥家族”，九人有八人横死，西燕七个帝王、南朝梁八个帝王、隋朝三个帝王，全部惨遭杀害，恰成鲜明的对比。

七

“圣井”也好，“辱井”也好，早都成了历史的陈迹。即使像陈霸先那样的一代开国帝王，属于他的那个年代也已经像轻烟淡霭一般，消逝得无影无踪，更不要说亡国之君陈后主了。当然，作为一种文化现象，一个历史话题，还时常被后人提起。这样就留下了数量可观的诗文。

陈亡，大约过去了二百八十年，唐末诗人李山甫凭吊石头城，写了一首七律：

南朝天子爱风流，尽守江山不到头。
总是战争收拾得，却因歌舞破除休。
尧行道德终无敌，秦把金汤可自由。

试问繁华何处有？雨苔烟草古城秋。

南朝的江山都是战场上打下来的，可是，最后都沦陷于“风流天子”之手；多年流血拼争所打下的天下，却因酒色征逐、酣歌醉舞而转手他人。想当日是何等风光，而今繁华安在？映入眼帘的，只有这“丽莎烟草”摇曳在秋风里。

与李山甫差不多同时代的著名诗人韦庄也有一首七律：

南朝三十六英雄，角逐兴亡尽此中。

有国有家皆是梦，为龙为虎亦成空。

残花旧宅悲江令，落日青山吊谢公。

止竟霸图何物在，石麒无主卧秋风。

他感叹南朝各国的几十个雄主，龙争虎斗，角逐兴亡，到头来都不过是一场幻梦而已。

属于这类感慨兴亡诗的，还有唐人包佶的《再过金陵》：

玉树歌终王气收，雁行高送石城秋。

江山不管兴亡事，一任斜阳伴客愁。

还有一类诗词，由一般的叩问沧桑、吊古伤怀，演进为总结沉痛的经验教训，寄寓警戒之思、兴亡之感。杜牧《泊秦淮》是这类诗章中的杰作，诗句貌似悠然，实则感情强烈，语语沉痛：

烟笼寒水月笼沙，夜泊秦淮近酒家。
商女不知亡国恨，隔江犹唱《后庭花》。

还有唐代诗人刘禹锡的《台城》：

台城六代竞豪华，结绮临春事最奢。
万户千门成野草，只缘一曲《后庭花》。

名列“唐宋八大家”的著名诗人王安石，有《桂枝香》词，同样借助金陵怀古，揭露南朝统治者醉心情色，葬送江山的往事。最后借杜牧诗句，感叹至今仍然有人不记前朝教训，重蹈覆亡故辙。词的下阕是：

念往昔，繁华竞逐，叹门外楼头，悲恨相续。千古凭高对此，谩嗟荣辱。六朝旧事随流水，但寒烟衰草凝绿。至今商女，时时犹唱，后庭遗曲。

八

在咏叹陈朝史迹的诗词中，借着“辱井”的话题，对于陈后主进行鞭挞、讥刺者，占了相当数量。最为尖锐、直接，一针见血的，是王安石的七绝：

结绮临春草一丘，尚残宫井戒千秋。
奢淫自是前王耻，不到龙沉亦可羞。

宋代诗人陈孚以《胭脂井》为题，发抒了个人的感慨：

泪痕滴透绿苔香，回首宫中已夕阳。
万里山河天不管，只留一井属君王。

宋代诗人杨备的诗，含讥带诮，令人忍俊不禁：

擒虎（隋将）戈矛满六宫，春花无树不秋风。
仓皇益见多情处，同穴甘心赴井中。

类似的还有清代著名诗人袁枚的《景阳井》：

华林秋老草茫茫，谁指遗宫认景阳！
当日君王纵消渴，井中何处泛鸳鸯？

清人宗元鼎的《吴音曲》：

璧月庭花夜夜重，隋兵已断曲阿冲。
丽华膝上能多记，偏忘床前告急封。

唐代诗人许浑的《陈宫怨》：

地雄山险水悠悠，不信隋兵到石头。

《玉树后庭花》一曲，与君同上景阳楼。

或讥评，或嘲弄，或揭露，各有侧重，异曲而同工，极尽讽刺之能事。

九

还有一些诗人，进一步荡开主题，拓展视野，把陈后主作为衬托、作为引线、作为叙事的背景，用以批判本朝或者前代的荒淫、腐朽的君王。唐代诗人郑畋有一首七绝，矛头指向了唐玄宗：

玄宗回马杨妃死，云雨虽亡日月新。

终是圣明天子事，景阳宫井又何人？

诗中说，玄宗当机立断，为国割爱，终属“圣明”之举；若不如此，难保不像陈后主和张丽华那样，求死不得，反受侮辱。看似褒扬，实则隐含讥刺——“圣明”到仅仅强过饱遭千秋唾骂的陈后主，“圣明”到宗庙没有灰堕，没有沦为亡国贱俘，标准实在是太低了。“皮里阳秋”，意味深长。

再就是晚唐著名诗人李商隐的《隋宫》七律，是针对炀帝杨广的。

紫泉宫殿锁烟霞，欲取芜城作帝家。

……

地下若逢陈后主，岂宜重问《后庭花》。

这是诗的首尾两联。大意是说，隋炀帝闭锁长安的宫殿不用，却想以扬州（芜城）为帝都，在那里另建豪华的宫阙，威福自恣，空耗民力，简直比陈后主还荒淫奢侈。如果他在地下遇见陈后主的话，恐怕也不好意思再请张丽华舞一曲《后庭花》了。诗人在这里暗用了一个典故：《隋遗录》载，隋太子杨广率军灭陈，俘获了后主陈叔宝，二人后来常相过从。即位后，炀帝驾幸江都，梦中与已经死去的陈叔宝及其宠妃张丽华等相遇，并请张丽华舞了一曲《玉树后庭花》。诗中援引这一故实，巧妙地揭示出对于荒淫亡国进行鞭挞的深刻主题。

其实，说到陈叔宝与杨广，两个人也确有可比之处。陈后主死后，谥为炀帝。谥法：好内怠政，远礼、远众，逆天虐民为炀。孰料，不到十年，杨广死后，同样获得这一谥号。这又是一个巧合。

十

“往事越千年”，旧梦如烟。除了两口井，连同一些或香艳或麻辣的诗文，短命的陈王朝还为我们留下了什么遗产呢？想了想，还有两样美食，同陈朝的开国皇帝和末代君主有着直接联系。

现在，南方湘、粤等省，特别是岭南一带，流行一种夏令美味食品，叫作“荷叶包饭”。荷叶清香，饭团松软，中医说有生发元气、调理脾胃、清热解暑的功效。清代《羊城竹枝词》有诗云：

泮塘十里尽荷塘，妹妹朝来采摘忙。
不摘荷花摘荷叶，饭包荷叶比花香。

陈霸先曾任梁始兴郡（在今广东韶关一带）太守，后以讨伐侯景之功，升任司空，镇守京口。在抵御北齐进犯之敌时，由于口粮接续不上，当地百姓便用新嫩的荷叶包裹着米饭，中间夹上鸭肉，送到前线劳军，大大鼓舞了士气，保证了最后的胜利。从此，霸先所到之处，“荷叶包饭”这种美食随之传播开来。

无独有偶。在现今的南京，也有一种美味食品，叫“一条龙”包子。

相传，陈后主少年时节十分贪玩，经常溜出宫门，跑到秦淮河畔转悠。走着玩着，来到一家包子铺前，恰好包子出笼，香味扑鼻，他伸手拿起就咬，吃了一个又一个。吃完，也不懂得付账，嘴一抹就走。店主人要他付钱，他说“没有”。那就留个名字记账吧。于是，随手签下“一条龙”三个字。后来，主人知道这个自称“一条龙”的小孩原是当朝太子陈叔宝。经过他有意地招摇、作势，京城的达官贵人都像潮水一般涌来，生意顿时兴旺起来。这条街被称为“龙门街”，“一条龙”三个字也被装裱上了中堂。从此，“一条龙”的包子就名闻遐迩，一直流传到今天。

无字碑

一

世路多歧，世事也多歧。本来，到太原的古城村是想考察晋阳故城遗址，一并看看晋祠；没想到一头撞上了“太原王氏研究会”，于是作为王氏家族中的一员，我被卷进了“寻根”热浪之中。

据这个研究会介绍，太原素有“王氏家族的圣地”之称。而它的南郊区乃是晋阳王氏的发祥地、祖居地。至今，王姓仍为当地首族，王氏后裔几万人分布在全区十三个乡镇的二百三十多个村庄里。周灵王太子晋，也称王子晋，相传是王姓诸望中最早的太原、琅琊两支的祖先。有关他的事迹，散见于《逸周书》《国语》《楚辞》《列仙传》《风俗通》《潜夫论》等古籍。区内原有古迹晋王陵，乃王子晋卒葬之地；又有地名晋居观，相传是王子晋居住的地方；晋祠内有圣母殿，供奉姜太公的女儿、周武王的妻子、唐叔虞的母亲邑姜，是为王子晋的先代祖妣。此外，区内自古即有七月七日庙会，传说也是为了纪念王子晋。

实际上，姓氏无非是个代号，原也不必那么汲汲于寻根溯源，顽强地编撰什么谱牒，排定辈分、行次。何况这又是一个十分复杂的问题，本身就存在着追忆、依托成分。早在明清之际，顾炎武就曾说过：汉魏以来，所谓氏族之始，多不可据。当然，作为一种信仰与精神寄托，特别是民俗史学范畴内的一门特殊学问，还是有其研究价值的。

紧接着，游览了晋祠。说到这个名称的来历，请不要以为它是晋家的祠庙，它也不是什么晋水神祠；只是由于地处悬瓮山下晋水的源头，又与春秋时代的晋国有些因由，因而得名。晋祠创建的年代，现已难于考定，最早的记载见于北魏郦道元的《水经注》。由此可知，至少也有一千五六百年的历史了。史书记载，周武王之子成王姬诵，把一片桐叶剪成玉圭形状，赐给了他的幼弟姬虞，说是要册封他为诸侯。身旁的史官听到了，立即请成王择吉立之。成王说：“虞弟还小，担不起这么重的担子。我这不过是开个玩笑。”史官却正言相告：“天子无戏言。”成王无奈，只好正式履行手续，封叔虞于唐地。这就是历史上著名的“桐叶封弟”的故事。叔虞死后，其子燮因为国都紧靠晋水，遂改国名为晋，是为晋国之始。后人为了奉祀开国之君唐叔虞父子，建立了一座祠堂，名为唐叔虞祠，就是现在的晋祠。

太原是唐王朝的奠基者李渊父子的龙兴之地。拥有天下之后，素有“太原公子”令誉的李世民曾亲临晋祠，为了酬谢叔虞的神恩，亲笔撰述、书写了长篇碑文《晋祠之铭并序》，歌颂宗周政治和唐叔虞的建国方略，一并宣扬了唐王朝的文治武功。这块极为珍贵的中国现存最早的行书唐碑，对于研究我国传统的书法艺术有着重要价值。晋祠中有些参天的古木，其中位于圣母殿左侧的两株周柏，树龄已达两千七百多年。九百五十年前，北宋文学家欧阳修曾赋诗咏赞它们：“地灵草木得余润，郁郁古柏含苍烟”。现在，仍然是那么苍劲挺拔。桑皮黛干，苍苍覆于空际，与朱栏碧甍，杰阁层楼，鱼沼飞梁，相映生辉。古柏，同涓涓涌流的难老泉，精美绝伦的宋塑侍女像，被誉为“晋祠三绝”。

说到晋阳的古城遗址，可就“一言难尽”了。公元前403年，韩、赵、魏三家分晋。现在的太原，当时称为晋阳，曾经一度作为赵国的都城。后来，东魏的高欢，隋代的杨广，五代时期后唐的李存勖、后晋的石敬瑭、北汉的刘知远，都是依靠着雄踞晋阳而坐上了龙椅。对于唐王朝来说，晋阳更有重要意义，李渊灭隋，就是从这里起兵的。凭借着“晋阳之地士马精强，宫监之中府库盈积”和有利的战略地位，不到半年时间，就沿着汾河、渭河西进，攻入长安，奠定了唐王朝的四百年的基业。所以唐太宗称晋阳为“王业所基，国之根本”。

经过唐王朝的历次修建，晋阳城由跨越汾河两岸的三座城池组成，周围达四十余里，不仅规模巨大，而且十分坚固，成为唐朝北方的重要屏障，在安史之乱抵御敌军时发挥了重要作用。当时，叛军攻破了洛阳、长安二京，唐玄宗逃往四川，十万叛军合攻太原；而太原守将李光弼凭借着坚固的城池，以不足一万人，坚守五十余天，终于击退了敌军，并以此为基地，收复了大批失地。北宋讨伐北汉的战争，使我们再次看清了太原的战略地位。为了扑灭雄踞太原的北汉政权，宋太祖八年间两次出兵，都由于城池坚固，无功而返。又过了三年，宋太宗赵光义御驾亲征，将太原城围困了五个月。在粮尽援绝的情况下，北汉主弃甲投降，这才夺取了这座易守难攻的古城。

当时，有人向宋太宗进言，太原一带有一条“龙脉”，北面的系舟山是龙角，西面的龙山、天龙山是龙身、龙尾，太原城正当这条蟠龙的腹心。宋太宗是非常迷信的。他想，怪不得历史上这里出了那么多的开国皇帝，原来它有“龙城”之兆啊。为了铲除这条“龙脉”，摧毁一切可能出现割据势力的温床，于公元979年，下诏削平系舟山，名为‘拔龙角’；同时，撤销藩镇建制，改太原城为平晋县，将并州这一太原的古称硬栽给了榆次县；彻底摧毁城池，纵火焚烧了城中的宫殿建筑及居民庐舍，老幼来不及逃出的，许多被烧死在城中；引汾水、晋水灌城，将古城的废墟冲没，使这座自古以来即为防御北方侵略势力的屏藩重镇毁于一旦。尔后，在东北方向五十里外的唐明村修了一个小土城，用以安置流民，这就是今天的太原市。新城里一律不修“十”字街，只铺“丁”字路，为的是钉住这里的“龙脉”。

面对晋阳故城的废墟，念及其旧日的赫赫声威，不胜铜驼荆棘、沧海桑田之感。那样一座坚如磐石的城池，于今，除了一个破烂不堪的不知建于什么朝代的旧城门，再也见不到什么遗迹，破坏得可说是十分彻底。和两位农民打扮的老者交谈，听到的都是一些对赵光义的愤怼之言。宋太宗在捣毁晋阳城的同时，却在晋祠大兴土木。因为他特别迷信，以为这样可以积功树德，同时又能获得敷扬文教的令誉。他效仿唐太宗建立“贞观碑”的做法，在晋祠也立起了一座“太平兴国碑”，记述他修祠的始末。但是，两个碑的命运却截然不同：贞观碑被精心保护在宝翰亭中，劲秀挺拔的字体与洒脱洗练的刻工交辉互映；而对这块宋碑，老百姓却偏偏不买账，碑文早已被刮剥净尽。结果，只好作为一个变形的无字碑，被冷冷落落地放置在胜瀛楼北面的台基上。

这使我想起了“皇威争一瞬，民意重千秋”的古话。对于宋太宗捣毁晋阳城的恶行，不只普通民众恨之入骨，印象极为恶劣，千载以还，犹有余愤未平；包括后世一些主持正义的作家、诗人，也都予以严厉的谴责。比如，毁城二百余年之后，金代著名诗人元好问凭吊晋阳故城遗址时，想到这座“天下名藩巨镇，无有出其右者”的北方屏障惨遭毁坏，曾经激愤地悲吟：

中原北门形势雄，想见城阙云烟中。
望川亭上阅今古，但有麦浪摇春风。
君不见，系舟山头龙角秃，白塔一摧城覆没。
……
汾流决入大夏门，府治移着唐明村。
只从巨屏失光彩，河洛几度风烟昏。
……
鬼役天财千万古，争教一炬成焦土。
至今父老哭向天，死恨河南往来苦。
南人鬼巫好禨祥，万夫畚锸开连冈，
官街十字改丁字，钉破并州渠亦亡。

诗的前四句，是说这座形势雄胜的“北门锁钥”于今已不复存在，废墟上麦浪摇风，而昔日的城阙只能想见于云烟之中了；中间十句，是诗的腹心部分，讲述毁城过程及其严重后果。诗人临风吊古，痛斥宋太宗毁掉晋阳城给国计民生带来了无穷灾难，深致慨于后晋与赵宋王朝的失策——由于石敬瑭割让了燕云十六州，赵光义又摧毁了这一北方的名藩巨镇，黄河以北成为敞开了大门的庭院，终于导致金人侵入，汴京失陷，北宋覆亡。而在毁城的当时，父老们纵然有幸逃出火海，也是哭告无门，流离失所；最后四句，指斥赵宋统治者迷信天命，挖龙角，断龙脉，结果钉破了并州，也毁灭了自己。

二

我小时候，看过一出《贺后骂殿》的京戏。剧情是宋太祖赵匡胤猝死之后，其胞弟赵光义继承皇位，赵匡胤的皇后贺氏因丈夫死因不明，令长子赵德昭上殿质问，赵光义赫然震怒，想要把他斩掉，赵德昭又惊又恨，一头撞死，贺后于是带领次子赵德芳上朝骂殿。唱词是：

有贺后在金殿一声高骂，骂一声无道君细听根芽。
老王爷为江山何曾卸甲，老王爷为山河奔走天涯。
遭不幸老王爷晏了御驾，贼昏王篡了位谋乱邦家。
把一个皇太子逼死殿下，反倒说为嫂我拦阻有差。
贼好比王莽贼称孤道寡，贼好比曹阿瞒一些不差。

贼好比秦赵高指鹿为马，贼好比司马氏搅乱中华。

只骂得贼昏王装聋作哑，只骂得贼昏王扭转身躯。

闭目合睛，羞羞惭惭，一语不发。

只骂得贼昏王无言对答，两旁的文武臣珠泪如麻。

结局是，赵光义殿前谢罪，赐贺后尚方宝剑，封入养老宫，加封赵德芳为八贤王。看戏时，除了为低回沉郁、悲凉慷慨、优美动听的二黄唱腔所陶醉之外，也觉得贺后骂得实在痛快，算是呼出了一口闷气。

这出程派的名剧，是根据北宋神宗时僧人文莹《续湘山野录》"烛影斧声"之说演义而来的。关于宋太祖之死，《宋史》上的记载极为简单，只有"帝崩于万岁殿，年五十"九个字。南宋史学家李焘《续资治通鉴长编》，综合了《续湘山野录》和北宋史学家司马光的《涑水纪闻》等书，记载得比较详细。说太祖夜召晋王光义入内，属以后事。左右皆不得闻，但遥见烛影下，晋王时或离席，若有所逊避之状；后来太祖以柱斧戳地，大声对光义说"好为之"。次晨太祖就死了。时夜已四鼓，宋皇后使太监王继恩召唤德芳，而王继恩却直接跑到晋王赵光义那里。晋王犹豫，不肯前行；继恩催促说："拖延久了，就会落到别人手里。"于是，晋王跟随他一起来到寝殿。宋后问道："德芳来了吗？"继恩说："晋王到了。"宋后愕然，慌遽地对晋王说："我们母子的性命，都托靠给官家了。"晋王哭着回答："我们会共保富贵的，无须忧虑。"

此外还有一些说法。如宋末遗民徐大焯在《烬余录》中记载，太宗多次在太祖面前，盛称蜀花蕊夫人费氏的才干。没过上一个月，蜀主就暴卒了。太祖感到诧异，当即找来花蕊夫人了解蜀主猝死的情况；发现这位费氏确实才情敏慧，便把她留在掖庭中陪侍，宠幸无比。这天，赶上太祖患病，光义于夜间入宫问候，适值太祖熟睡，呼之不应，遂乘机对费氏动手动脚，加以调戏。不料，太祖此时突然醒来，正巧目睹了这一场面，当即愤怒地以柱斧砍地，斥责光义说："好为之！"第二天晚上，太祖就死了。

从现存史料中得知，太祖死前两个月，每月都有御驾出行的记载，甚至远到洛阳，可见他身体健康，精力充沛，死得实在是非常突然。最大的可能是死于他的胞弟赵光义的谋害——宋史专家邓广铭先生如是说。

也正是由于赵光义以篡弑手段夺取了皇位，唯恐后世非议，于是，便又伙同赵普编造出了一个"金匮之盟"，即杜太后临终前曾有太祖传位于光义的遗嘱。其真实性同样令人怀疑。尽管其时光义已做了开封府尹，实际上居于接班人的地位，但要继承大统，既无太祖的临终顾命，也没有正式储君的名分，而且，以弟继兄，毕竟有乖常例。为了寻求合法继位的依据，只好抬出一个太后临终遗命来加以缘饰。

这又是一个"千古之谜"。对此，官修的《宋史》同样是多所讳避，所记仍是九个字："太祖崩，帝（太宗）遂即皇帝位。"封建王朝的史书向来是为尊者讳的。但在宋太宗统治权力干预不到的辽国，史官却记为"宋主匡胤殂，其弟炅（太宗名）自立"。一个"自"字道出了问题的实质。纸里终究包不住火，有些敏感的史学家到底还是提出了问题：《宋史》中"特书曰'遂'，所以别于受遗诏而继统之君也"。可见，在后世的史学界，多数都是否定“金匮之盟”的真实性的。

《贺后骂殿》这出戏，正是针对赵光义这样一些龌龊的行径来编排的。作为一种舆情的真实而曲折的反映，它像《击鼓骂曹》《审潘洪》《斩黄袍》等剧目一样，在很大程度上代表了广大下层民众的心声和愿望。后来读了史书，才知道它与史实出入甚大。赵光义即位于公元976年，而贺后早在公元958年就已下世。人已云亡，何来骂殿？赵德昭也并非死于赵光义窃位时，而是在四年之后。尽管其事属于子虚乌有，但是，由于那激越慨慷、低回悲壮的唱词已经深深地印在脑底，再加上赵光义篡位后确实又“多行不义”，所以，即使知道戏文失真，感情上也还是转不过来，所谓“宁肯信其有，不愿信其无”也。

当然，剧情也不是一无依傍，凭空虚构，多多少少还是存在一些影像的。德昭之死，确与宋太宗有直接关系。据《涑水纪闻》和《续资治通鉴》记载，太平兴国四年六月，武功郡王赵德昭随从宋太宗出征幽州。幽州当时是辽朝的南京，防守甚严。宋军连续攻打了十一天也没能破城。嗣后，辽军的援兵赶到，大败宋军于幽州城西的高梁河。太宗连夜挥师后撤，辽兵紧追不舍。宋军陷入了混乱，丢盔弃甲而逃。太宗急忙搭上一辆驴车，乘夜逃遁，才免于被俘。军中找不到皇上，以为他已经被辽兵俘获或死在乱军之中，有人便提议拥立德昭，但很快就知道了太宗的下落，也就把这个事压下了。可是太宗听到了一点风声，心中非常忌恨，只是嘴上不讲。班师回朝之后，上上下下都议论，这次北征失利，同未能及时赏赐扫平北汉的将士有直接关系。于是德昭就提醒太宗，应该对平定北汉的将士论功行赏。这本来是正常的建言，没想到却引发了太宗的宿火，太宗当即怒气冲冲地说："等你自己当了皇帝，再行赏也不晚！"德昭听了，惶恐万分，觉察到太宗怀疑他想要篡夺皇位，话中已经露出了杀机；回宫以后，就寻觅刀剪。侍从不知他用意所在，便说："宫中哪敢带这类东西呢？"德昭又跑到茶酒阁去，用切果刀自刎了。此时离太祖驾崩不过三年时间。

又过了一年半，太祖的另一个儿子德芳（即戏曲中的"八贤王"）也不明不白地死去，年仅二十三岁。人们怀疑他的暴死也与赵光义有关，只是史书失载，无从悬揣。史书上讲，德昭既不得其死，德芳又相继夭绝，太祖的胞弟廷美感到了形势的严重，觉得太宗的屠刀该降临到自己头上了。果然，在赵普的策划下，他屡受诬告，连遭贬逐，三年之后死于房州。当得知廷美的死讯后，太宗淡淡地对朝臣说，廷美之母并不是杜太后，而是太宗的乳母耿氏。这就彻底否认了廷美与他是同胞兄弟。后来的修史者，就把太宗的说法记入了《宋史·赵廷美传》，却忘记了同时修改杜太后的传记，在那里分明记载着太祖母昭宪杜太后"生邕王光济、太祖、太宗、秦王廷美"，结果，终于露了马脚。

赵光义之所以处心积虑地欲置廷美于死地，乃至不惜造谣言，否认与廷美的同胞关系，是因为"金匮之盟"中有兄终弟及和"能立长君，社稷之福"的话。论年龄，廷美长于太宗之子，要立"长君"，他该是首选。因此只有除掉这个难以逾越的障碍，才能达到日后"传子"的目的，才能实现终北宋之世继承皇统的全归太宗一系。但是一除了之，又太容易暴露他的用心，于是便又打出"廷美本为庶出"这张王牌。言外之意是，即使他健在，也没有继统的资格。那么有人会问：既然太宗握着这张王牌，尽管亮出来就是了，何必非得煞费苦心害死廷美呢？答曰：害死廷美乃是前提条件。只要廷美一息尚存，就会搬出铁证为自己辩护。这样，太宗造谣言总还有一些顾忌。而今，杜太后已死，当事人又不在了，自然就可以随意编排了。

有宋一代，对于太宗蓄意传子，不惜骨肉相残的卑鄙行径，一直是啧有烦言；而对太祖一支的惨遭杀戮深表同情。只是慑于太宗的威势，不敢公开、正面地议论，于是便通过笔记、杂说等道里传闻形式寄感、抒怀。这一思想倾向，到了南宋初年渐趋激化。当时，许多人士把北宋灭亡，太宗子孙被掳劫殆尽，归因于赵光义虐待太祖子孙而招致报应。南宋之后问世的《古事比》和《七修类稿》等记载，统兵灭掉北宋、大肆屠戮太宗子孙的金朝大将斡离不，相貌极似宋太祖。人们认为，这是一种冥冥中的因果报应。上述诸说均属迷信，荒诞不经，没有什么价值可言，但是，显然都反映了当时的舆情。

三

闲览有宋一代史籍，发现关于宋太宗一朝政事的记载，有两个显著的反差：一是官修史书许多方面或者失载，或者语焉不详，而所谓野史或民间传闻所记却异常繁富，这在历朝历代也是比较突出的；二是在一些私家著述或所谓野史、传闻中，披露了宋太宗的许多并不光彩的甚至损名败德的事，有一些涉及十分敏感的政治问题，可是在正史中不仅全部隐去，而且还反话正说，曲尽美化之能事，这在《宋史·太宗本纪》和北宋末年进士江少虞编纂的《宋朝事实类苑》中最明显。

本来，在中国的史官中存在着对当代史事秉笔直书、毫不隐瞒回护的优良传统，像先秦时代的史官董狐、南史，汉代的司马迁，都是这方面的典范。直到魏晋南北朝时期，还或隐或显地留下一些“直笔”的余脉。比如，苻坚的寡母曾引将军李威为男宠这样的家丑竟记载在起居注里，苻坚看到后当然要“既惭且怒”了。北魏最高统治者拓跋氏的先世翁媳婚配之类的旧俗，史官撰国史时也曾据实直书。当然，这在封建时代已属凤毛麟角了，迨至宋代之后，史官的这种优良传统已经完全断绝了。

应该承认，宋太宗的功业还是很显著的。继位之后，他大体沿袭了太祖时期的政策，结束了五代十国的分裂局面，基本实现了国家统一；同时，不管出于何种考虑，牢笼读书士子也好，炫耀文治之功也好，组织编纂《太平御览》《太平广记》《文苑英华》，对于当时和后世都产生了积极的影响。对于这些方面，官修史书做了客观的较为详尽的记述，是正确的，也是应该的。但在军事方面，则举措失当，八年之中打了五次大的败仗，丧失了军事优势，引发了财政危机，开始形成积贫积弱的局面，这也不应加以隐讳与缘饰。

鲁迅先生曾一针见血地指出：“历史上都写着中国的灵魂，指示着将来的命运，只因为涂饰太厚，废话太多，所以很不容易察出底细来。正如通过密叶投射在莓苔上面的月光，只看见点点的碎影。但如看野史和杂记，可更容易了然了，因为他们究竟不必太摆史官的架子。”这反映在对宋太宗的记述上也是如此。比如，焚毁晋阳城这样一件大事，在《宋史》本纪中只是用“堕其城”几个字一笔带过。宋太宗在征辽中指挥失当，全盘尽输，丧师不下三十万，这在本纪中根本看不出来；即使那次几乎全军覆没、太宗险些被俘的高梁河之战，也只是轻描淡写地说：“帝督诸军与契丹大战于高梁河，败绩。”

之所以出现野史、杂记多所记载而正史却避而不谈的现象，除了一般情况下史官“为尊者讳”以外，还和宋太宗的出面干预有直接关系。他怕把一些不光彩的事情记上去，影响后世对他的评价，所以，他对宋初史料的编纂极为关注。他一改前朝的惯例，专门做出规定：本朝的时政记和起居注，必须按月先送他本人审阅，然后再交付史馆。这样，作为修史时的主要依据的《太宗实录》，其可靠性就很难说了。

史载，太宗朝，有人向朝廷进言，请求放出宫女三百人。太宗对宰官说：“宫中无此数。”而且，本人亦自诩：“朕即位以来……朕持俭素，外绝游观之乐，内却声色之娱。”从这些情况看，太宗似乎并不留意女色，宫中也是清净简约的。但是，实际并非如此。太宗刚刚去世，继位的真宗就对辅臣说：“宫中嫔御颇多，幽闭可悯。我已经告诉宫中，把那些进来年头多的统统放出去。”时隔三年多，儿子就给老子一个反手巴掌，戳穿了他的鬼话。

《烬余录》载，太宗既平北汉，圣心狂悦，率军征辽时，尽载北汉妃嫔随御，诸将亦掠北汉妇女以充军妓，致令士气不扬，全军尽覆于高梁河。南宋初年的王铚在《默记》中披露了这样一件事情，赵光义在做开封府尹时，一青州人携一十许岁小女，到南衙办理产业事，光义一眼就看中了这个女孩，硬是通过手下的安习给强买下来。太祖听说后，十分气愤，不便直接追究光义的罪责，便下令追捕安习归案。光义只好把他藏匿在府中。连个十几岁的小女孩都不放过；“内却声色之娱”，又从何谈起？当然，这是他登基之前的事。

太宗殚精竭虑十几年，才得遂位登九五之愿。因为来之不易，所以防范心理极强，处处心怀戒虑，猜忌多疑。这种个性品质决定了他的领导方式，必然大权独揽，任人唯亲。为了钳制将帅，“将从中御”，剥夺了前方将帅的指挥权。出发前，皇帝预授锦囊妙计，大至战略方针，行军布阵，小至进退行止，全部事先做出安排，不得改动，并派出亲信赴阵监军。由于太宗猜忌多疑，战功卓著、有“宋代第一良将”之誉的曹彬，只因秉政日久，深得民心，便被罢免了枢密使的职务。名臣寇准在罢朝归第途中，因为有人迎着马首欢呼“万岁”，也被免除职务。参知政事赵昌言已经出任川峡招安行营都部署，可是，当太宗听说他前额上的皱纹特殊，呈现反叛之相，立即收回成命，改派宦官卫绍钦前往四川，同领招安捉贼事。最可笑的是，册立元侃为太子后，京师之人欢喜雀跃，说：“真社稷之主也！”太宗听说以后，异常恼火，立即找来参与策立太子的寇准问道：“五洲四海都归心于太子，那要把我置于何地？”连亲生儿子也要怀疑，其他人就更不要说了。

也正是由于这一原因，吴越王钱叔和南唐后主李煜等降王都未得善终。关于他们的死，《宋史》的记载都极为简略，前者记为“是夕暴卒，年六十”；后者记为“（太平兴国）三年七月卒，年四十二”。但褚人获的《坚瓠广集》却揭露了事实真相：他们都是宋太宗通过暗下毒药害死的。钱叔出生于后唐天成四年八月二十四，死于宋太宗端拱元年八月二十四，巧还巧在他的父亲也死在这个日子。李后主七月七出生，也死在七月七这一天。在他们庆生辰时，宋太宗都曾派人送去祝寿的酒。

史书上说，钱俶作为一个属国之君，每逢朝廷使至，他都接礼勤厚，一贯谦和、俭素，自奉尤薄。宋兴以来，贡奉不绝。而在太祖、太宗对南唐用兵之际，所贡资财增至数十倍。特别是，据《续资治通鉴·考异》引述《默记》，在高梁河之战中，宋师惨败，太宗乘驴车夜遁，其时掌管后军的钱俶发现后，怕走漏消息，连续斩了六个前来报告御驾行踪的人，并按压后军缓行，以便同太宗的车驾拉开较大距离，免得目标过大，引起辽军注意，那样就根本没有逃脱的可能了。从这点看，钱俶之于太宗，就不仅是恭谨有礼，简直称得上救命恩人了。但是，由于“衔忌未消”（褚人获语），最后竟也未能逃出毒手。至于南唐后主李煜的下场，当然就可想而知了。

我知道李后主，是由于他虚灵在骨、神秀绝伦的词。早在中学时代，就喜欢背诵他那含思凄婉的名句：“春花秋月何时了？往事知多少”，“问君能有几多愁？恰似一江春水向东流”。同时，为他在不惑之年即命归泉壤而感到惋惜。尔后读书渐多，知道正是这首被后人目为神品的《虞美人》词，使他罪遭不赦。治罪的不是别人，正是宋太宗赵光义，而且，手段之残忍毒辣，令人发指。原来，李煜沦为亡国贱俘之后，痛感往事如烟、人生若梦，造物者残酷无情，使他承受了忒深、忒重的苦痛与愁恨，于是写下了许多伤怀感旧、思念故国的词。不意这些作品很快就不胫而走，传遍了京师，也早被朝廷的耳目报告给了宋太宗，特别是“小楼昨夜又东风，故国不堪回首月明中”“雕栏玉砌应犹在，只是朱颜改”这些词句，使宋太宗动了杀机。

正好这时又发生了另一件事，起了火上浇油的作用。这天，太宗指派南唐归顺的旧臣徐铉到后主那里打探消息。君臣久不见面，自然感到有许多话要说。于是，他们便略去了昔日的礼节，促膝深谈。后主这天很动感情，也就忘却了应有的戒备。只见他长叹一声，黯然说道：“当时悔杀了潘佑、李平！”潘、李分别是南唐的内史舍人和户部侍郎，曾上书言事，指陈奸恶。徐铉回去复命，太宗问后主说了些什么，他不敢隐讳，便据实以告。太宗敏感地意识到，李煜活在世上，就是江南旧梦死灰复燃的希望，因此万万留他不得。当即传旨医官，配制烈性毒药，并要设法使李煜的尸体作俯首屈身之状，以示永世臣服。于是，一场惨不忍睹的悲剧发生了。七月七这一天，宋太宗派人来给他祝贺生辰，亲赐御酒，李煜奉旨饮下，登时五脏剧痛，全身痉挛，头足相就，状如牵机，在次日凌晨气绝身亡。

看来，在酒中暗下毒药乃是太宗的惯用手法。根据《续湘山野录》中太祖与光义“酌酒对饮，宦官宫妾悉屏之”，“将五鼓……帝已崩矣”的记载，史学界有人推测，太祖死于光义在酒中下的毒。而毒药则可能是医官程德玄提供的。史有明载，德玄颇得太宗信任，众多趋其门；性贪，然太宗亦优容之。钱叔、李煜死后，太宗又极尽奸雄之能事，虚情假意地封王厚葬，分别辍朝七天和三天，以示哀悼，上演了一出“猫哭耗子”的闹剧。

从李后主的直言贾祸来看，他的机灵劲远远比不上那个叫作阿斗的刘后主。据《汉晋春秋》记载，晋司马昭灭蜀后，蜀后主刘禅被掳至京师洛阳。一日，宫中宴集，一些原来蜀国的艺伎舞乐于前，陪同后主观看的故蜀官吏尽皆落泪，唯独后主嬉笑自若。异日，司马昭问他："颇思蜀否？"答复是："此间乐，不思蜀也。"左右听了这一番"全无心肝"的话，都忍不住暗笑。但它却蒙骗过了机灵诡诈的司马昭。《三国志集解》引于慎行说：刘禅对司马昭的应答，未为失策。思蜀之心，司马昭所不欲闻也。左右虽笑，不知禅之免死，正以是矣。清人毛宗岗在评点《三国演义》时也说，"此间乐，不思蜀"之言，乃刘禅之巧于自全也。若日夜流涕，感愤思归，奸雄如司马昭，其能容之乎？

可是，这一全身远祸的韬晦之术，"性情中人"李后主却压根儿就不会。一则他不是枭雄之子，没有掌握刘备那套"青梅煮酒，闻雷失箸"的家传；二则，"词人者，不失其赤子之心者也"，及其悲慨，忽忘形骸，全不理会徐铉是否会把他卖掉。当然，由于宋太宗必欲置其于死地，即使李后主安分守拙，隐忍苟全，也于事无补。从钱俶的悲惨下场，完全可以看出来。就这一点来说，李后主的结局较之刘后主的更惨，同所遭逢的对手较之司马昭更阴鸷、更明察有关。

其实，对于李煜来说，死，也许是一种精神上的解脱。亡国被俘以后，他饱谙屈辱之苦。最为难堪的是，与他朝夕相伴、相濡以沫的小周后经常被宋太宗召去陪宴侍寝。后主痛苦万端，彻夜难眠。一个是"向君歌舞背君啼"，一个是"此中日夕，只以眼泪洗面"，都是苦不堪言的。明人沈德符在《万历野获编》中记载，宋人画《熙陵（即太宗）幸小周后图》，太宗戴幞头，面黔色而体肥……周后肢体纤弱，数宫人抱持之，周后作蹙额不能胜之状。

小周后每次被召入宫，一留就是几天，回来后便大哭不止，骂李煜无力庇护她，从中可以想见其所受污辱之沉重。《烬余录》甲编谈到，对小周后被胁入侍，后主多有怨言，遂致暴卒，小周后被正式纳入宫中。这又是太宗毒害李煜的一个因由。

宋太宗一生凶残猜忌，恶行甚多。他当然不会料到，一个半世纪之后，他的嫡亲子孙徽宗赵佶、钦宗赵桓落到金太宗的手里，所遭受的屈辱与苦难，比后主李煜还要惨多少倍。

好一个书画院长

一

西方有一句格言：“人生最奢侈的事，就是做你想做的事。”难道“做你想做的事”，竟是那么难能可贵，那么不易实现吗？是的。

徽宗赵佶本来是个少有的艺术天才，是个非常出色的书法家、绘画大师和诗词作手，又是一位十分称职的宫廷书画院院长，可是命运老人在关键时刻搬了个道岔，结果，阴错阳差地当上了北宋的第八任皇帝。而他根本就不具备政治运作的资质，依靠他来运筹帷幄、决策千里，无异于“盲人骑瞎马，夜半临深池”，后果不问可知。何况身旁还有那班成事不足、败事有余的阉宦大佬，更是必然跌入覆亡深渊。

赵佶原本就以“天纵才智”见称，有着超群的艺术天分和感悟能力，又兼自幼便与许多知名的大家交往，获得高人指点，更使他的艺术才能得以充分地施展。宋人蔡絛《铁围山丛谈》记载，未当皇帝时，他就与驸马王晋卿、宗室赵大年往来。这两个人都“善文辞，妙图画”，又富于收藏。他还同内知客吴元瑜一起学画。这个吴元瑜本是著名花鸟画家崔白的弟子。赵佶年轻时经常与这些书画名家往来，耳濡目染，从中获取许多教益，锤炼了坚实的艺术功力；尔后，勤奋耕耘，数十年不辍，更加精益求精。

北宋艺学十分昌盛，内府收藏名人书画浩如烟海。《宣和画谱》记载，仅徽宗一朝收藏的花鸟画即有二千七百八十六件，占全部藏品的百分之四十四。这使他大大地开阔了眼界，具有得天独厚的条件。面对如此珍贵的艺术遗产，朝夕展玩，并一一亲手临摹，转益多师，从而使他的创作水平日渐提高。加之他在汴京的宫苑中，罗致了一切能够到手的珍禽异兽、名花美卉，提供了绝好的描形写生的现实条件。

南宋邓椿的绘画史名著《画继》，对于宋徽宗的画作评价极高，说他“笔墨天成，妙体众形，兼备六法，艺极于神”。其艺术成就以花鸟画为最高。赵佶艺术的独创性和对后代的影响力，也主要体现在花鸟画中。他的花鸟画构图，匠心独运。如《鸲鹆图》轴，画幅下面靠左边以水墨写鸲鹆两只，奋翅相争，纠缠错结，一反一正，羽毛狼藉。上者处于优势，以利爪抓住对方的胸腹，张嘴怒视；而下者也不示弱，奋力挣扎，予以反击，回头猛啄对手的右足。描形拟态，惟妙惟肖，鸲鹆的心理感情也刻画得细致入微。他画的《雪江归棹图》，形体谨严，风度凝重，气韵苍古，满幅充溢着一股荒寒之气，被誉为“直闯王右丞（王维）堂奥”。他画禽鸟，创造了“点睛多用黑漆，隐然豆许，高出缣素，几欲活动”的全新技法。

在历代擅长书法的帝王中，赵佶是最具创造性的。他初习黄庭坚，后又学褚遂良和薛稷、薛曜兄弟，并杂糅各家，既取众家所长，又能独出己意，最终创造出别具一格的“瘦金书”体。宋代书法以韵趣见长，赵佶的“瘦金书”既体现出时代审美趣味，所谓“天骨遒美，逸趣霭然”；又具有强烈的个性色彩——“如屈铁断金”。其书结体严谨，骨骼纤瘦，笔画细挺，顿挫有节，外露锋芒，风流飘洒，在刚劲中透出秀丽的丰姿，堪称书苑奇葩。这种书体，在前人的书法作品中还未曾出现过。他的草书，信笔挥洒，一气呵成，狂放酣畅，可以看出张旭和怀素（特别是怀素）的门径。对于前辈和当代书家，他总是师其神髓而变其法度，达到自出新意，自成一家。

他即位以后，经常召见著名书画家、鉴赏家米芾，相与探讨书法艺术。《钱氏私志》云：

徽皇闻米元章有字学，一日于瑶林殿张绢图，方广二丈许，设玛瑙砚、李廷珪墨、牙管笔、金砚匣、玉镇纸、水滴，召米书之。上垂帘观看，令梁守道相伴赐酒果。乃反系袍袖，跳跃便捷，落笔如云，龙蛇飞动。闻上在帘下，回顾抗声曰：“奇绝陛下！”上大喜，即以砚匣、镇纸之属赐之，寻除书学博士。

受北宋时期文学艺术昌盛的优良环境的熏陶，前代留存下来的丰富艺术遗产的灌溉，加之赵佶本人对艺术倾心揣摩、勇于探索，终于成为一位诗词书画并精，山水、人物、花鸟、杂画兼善，具有全面艺术修养的“皇帝艺术家”。

赵佶诗词现存几十首，总体上看，质量是比较高的，尤其是后期作品，产生于变乱、屈辱的环境中，凄绝哀婉，感情深沉而真挚，颇有特色。他有一首《燕山亭·北行见杏花》词，艺术性很高，一向被推为千古杰作：

裁剪冰绡，打叠数重，冷淡燕脂匀注。新样靓妆，艳溢香融，羞杀蕊珠宫女。易得凋零，更多少无情风雨。愁苦！闲院落凄凉，几番春暮？凭寄离恨重重，这双燕，何曾会人言语。天遥地远，万水千山，知他故宫何处？怎不思量，除梦里有时曾去。无据，和梦也有时不做。

赵佶在被金兵掳往苦寒之地的途中，忽然见到了盛开的杏花，一时百感交集，写下了这首刻画困顿生涯与凄苦心情的泣血之作。开头描写凌寒怒放的杏花，运笔非常细腻，好似一幅淡淡的工笔画。接着，陡作变徵之音，从杏花的极盛写到“易得凋零”，难禁风雨，急转直下，仿佛一落千丈的凄惨人生。所有的文字都是痛感、悲情的释放。情绪低沉，音调哀伤，体现了“亡国之音哀以思”的特点。李后主词：“梦里不知身是客，一晌贪欢。”至赵佶则连梦也不做了，其情岂不更惨！

二

赵佶在文学艺术方面的贡献，不仅表现在其具有卓绝的艺术天才，创作出大量传世的诗书画杰作；而且，他凭借其特殊地位和卓越才能，成功地改善、强化了画院制度，积极培养艺术人才。历代都有帝王喜爱鉴藏书画，有的还参与创作，但像宋徽宗那样，以全副身心投入到书画中去，并能把个人的爱好广泛而深入地推广到全社会，使之成为一种社会文化现象，却是独一无二的。

赵佶这方面的建树，突出表现在他对宫廷画院的建设上。有宋一代，继承前代西蜀和南唐的传统，在宫廷中建立了翰林书画院，组织画家进行艺术创作，并培养大批书画方面的人才，直接为宫廷服务。作为画院的直接的组织领导者，宋徽宗按照自己的艺术旨趣和鉴赏标准，实施了一系列颇具创造性的革新措施，为它订立了一套完整的制度，在画学、考试、课程设置和教学方面，进行了大胆的探索与改革。

徽宗改画院征召体制为考试录取体制，正式列入科举考试之中，像遴选高级官员一样，开科取士。这是一项根本性的改革。前朝帝王仅仅是将画院看作一种服役机构，而徽宗则从长远建设出发，从人才培养、艺术发展的高度去建设画院。他采取了“旧人旧办法，新人新办法”的区别对待方针，除前代留下的已在院内供职的知名画家外，其余全部通过考试录取。由于徽宗本人深谙绘画艺术，他所招纳的人才自然也是高标准的。在国子监增设画学，共设佛道、人物、山水、鸟兽、花竹、屋木六科。又设“博士”衔，作为监考官。以“不仿前人，而物之情态形色俱若自然，笔韵高简”为评画标准。据说，当时四方考生源源而来，盛况不下于今天的美术院校联考，有幸中选者为百里挑一。

考试时，摘取古人诗句为题，令考生作画，用以测试学生对于诗画结合、诗情画意的理解能力。要求作画者能够先读懂，直至深悟诗句的境界，然后再把它化为可视的画面。考题如“嫩绿枝头红一点，动人春色不须多”“深山藏古寺”“竹锁桥边卖酒家”等。在试绘“踏花归去马蹄香”诗意时，许多人只是着意于描写归马、落花，就题作题；有一位聪明的画家，却只画几只蝴蝶，在马蹄后面飞逐，便巧妙地暗示出抽象的花香。对于“野水无人渡，孤舟尽日横”的考题，许多人都是画一个空船，或者船头立着一只水鸟，以表示船上无人。但取得第一名的，却画了一个舟子在船尾酣然睡去，身边放置一根笛子，说明并非无人，只是“无人渡”而已。这样，就更加切题，而且意境深远。再如，“深山藏古寺”一题，立意原在“藏”字上，不须颇费气力地去写林木、古刹，只要画一个小和尚在溪边担水，就足以凸显画题了。

要做好这种富有意境和情趣的试题，应试者必须具有高度的想象力和表现力，富于独创精神，否则难以入选。正如《萤窗丛谈》所说的：“夫以画学取人，取其意思超拔者为上。”所谓“超拔”，就是创意新颖，不蹈袭前人；观察能力、思想感情、技巧修养都须有过人之处。赵佶把它作为取舍的标准，颇具识见。

因为赵佶本人诗书画兼擅，有深厚的文学功底，所以在教学中也并非单纯地传授艺术技法，而是全面讲授文化基础知识，课程包括《说文》《尔雅》《释名》等。赵佶特别重视对于青年画家的培养。他看到画院学生王希孟很有天才，便亲自教授他笔法，使之迅速成长，终于创作出了《千里江山图》这样优秀的巨制。他对学生的要求非常严格，经常亲自检查、指导；要求师法自然，把握对象的“情态形色”，符合物理，不倚傍前人。

龙德宫建成后，赵佶亲自前往验收壁画，看到有一枝月季花，画出了春天中午的形态，他表示满意，立即赐予作画的青年画家“服绯”。他告诉大家，月季开花“四时朝暮，花、蕊、叶皆不同”，对于“动植之物”，必须细致观察，以求“曲尽其性”。还有一次，他要一位画家画孔雀升屏，画了几次，他都不满意，原因是，孔雀开屏升高时一定先要举左脚，而画家却都画成抬右脚了。赵佶不仅重视写生，还讲究物理法度。他曾画过鹤的二十种不同姿态。在这些方面，影响了当时画院以至整个时代的院画风格。

书画院中的学生身份各有等差，一般分为外舍、内舍、上舍三级。对学品兼优者依次晋升。画家被录取之后，根据其文化修养和出身的不同，分为“士流”（士大夫出身的）与“杂流”（从民间工匠选入的），“别其斋以居之”。“士流”可以转做其他的行政官员，而“杂流”不行。同时，按照成绩的高下，对每个学员分别授以不同的职称，其名目有画学生、供奉、祗候、待诏、艺学、画学正等。经过每月的“私试”和每年的“公试”，随时进行遴选、拔升。

从前，宫廷画家的地位、待遇都是非常低的，即使后来办了画院，情况有所改善，较之其他部门仍然差很大一截。这和前代帝王把那些画家只看成服务工具，“俳优蓄之”，有直接关系。到了宋徽宗手下，他们被作为艺术人才、创作力量来看待，这就有天壤之别了。政和、宣和年间，赵佶取消旧制，特意恩准书画两院的人员和其他文官一样，不但可以服绯紫，而且能够佩带鱼袋；有的画家还授予官衔。在朝廷序班上，画院为首，书院次之，而后才是琴院、棋院、百工等。领取薪俸，画、书两院称为“俸直”，其他诸院叫作“食钱”。画院诸生习学，凡系籍者，每有过犯，只许罚值；其罪重者，亦听奏裁。由于待遇优厚，一般画家都把能够进入画院引为荣幸。

在皇帝的亲切关怀和不懈努力下，当时画院与画学在培养人才方面，已经具备一套比较系统完整的体制，对于以后的艺术人才培养和艺术教学、画艺研究产生了深刻影响。说是画院，其实，与后世常见的那种单一的、松散的画家组合不同，而是一所由皇帝亲自领导、亲自执教，完全按照其旨意办学的名副其实的高等艺术学校。其办学成就是巨大的。

首先，培养了大批优秀画家，如张希颜、费道宁、戴琬、王道亨、韩若拙、赵宣、富燮、刘益、黄宗道、田逸民、赵廉、和成忠、马贲、孟应之、宣亨、卢章、张戬、刘坚、李希成等人是宣和画院的名家。南渡后的代表性画家李唐、刘宗古、李端、李迪、苏汉臣、朱锐等，也都是宣和年间的画院待诏。

其次，由于画院采用了考试制度，不少来自民间的优秀画家被录入画院，故而很多具有民间风格的作品也在画院中出现，使民间风格在画院中占有相当地位。

再次，由于画院教学中重视学生的诗、书方面修养，从而开拓了绘画的新境地，使文人画日益繁荣，画院体制更加完备。

最后，在推进书画鉴藏和金石学研究方面也取得了优异成绩。赵佶对于艺术珍品酷爱到极点，即位不久，即派心腹宦官去全国各地搜罗古器物和书画名迹。《画继》记载：

宣和殿御阁有展子虔《四载图》，最为高品。上每爱玩，或终日不舍，但恨止有三图，其《水行》一图待补遗耳。一日中使至洛，忽闻洛中故家有之，亟告留守求观。既见，则愕曰："御阁中正欠此一图。"登时进入。

在徽宗皇帝的刻意搜求下，秘府收藏之富百倍于先朝；同时，他还组织画院画家临摹了许多内府收藏的名迹，为保存与赓续中国文化做出了颇多贡献。流传至今的传统绘画作品中，有相当一部分是依靠宋代的摹本才为后世所知闻的。尤其值得大书特书的，是《宣和博古图》《宣和书谱》《宣和画谱》的编著。这些具有画史与画学理论研究丰富内涵的著作，对于后世美术事业的发展，其作用是不可低估的。

上有所好，下必甚焉。北宋末年亲王、宗室、贵族、官宦学画之风蔚然兴起，并出现了赵伯驹、赵伯骕那样的皇族名家。加之，徽宗朝经常举办观赏御府所藏图画及临摹古画活动，使朝臣、贵胄眼界大开，逐渐提高了艺术修养，在一定程度上促进了两宋之交文化艺术的繁荣。

三

说到宋徽宗赵佶的文采风流，人们会联想到南唐后主李煜。他们许多方面是相像的。

他们都是文学艺术领域的佼佼者，是诗书画"三绝"的多面手。像徽宗一样，李后主艺术天分也非常高，从小就废寝忘食地浸淫于诗词、书法、绘画、音乐的广阔天地。书法初学柳公权，后来博采众长，匠心独运，创制出具有独特风格的“金错刀”体；他也善画，举凡人物山水、花木翎毛，无不涉猎，尤精墨竹；同时精于鉴赏，酷爱收藏。至于诗词，更是独步千古。因为有了李煜，词体完成了从应歌侑酒的“歌辞”向抒写个人情志的新型抒情诗词的转变，特别是在描写人生缺憾和表现哀婉之情方面，达到了文学史上新的巅峰。

他们同样都是悲剧的角色，人不能尽其才，才不能尽其用，硬是“赶鸭子上架”，不情愿地被按在龙墩之上，以致消极怠工，荒废政事，纵情声色，误国误民。

他们同样整天沉溺于宗教的虚幻世界而不能自拔：徽宗执着地崇信道教，后主则一意佞佛，取号“莲峰居士”，头戴僧伽帽，身穿袈裟，礼佛诵经，跪拜稽首。最后，都同样亡国。

他们同样信任奸佞，陷害忠良。对于李后主的荒政、乱政，当时许多朝臣都曾冒死进谏。言辞最激烈的是内史舍人潘佑，连上八道奏章，并当面批评说：

陛下力蔽奸邪，曲容谄伪，遂使家国愔愔，如日将暮。古有桀、纣、孙皓者，破国亡家，自己而作，尚为千古所笑。今陛下取则奸回，败乱国家，不及桀、纣、孙皓远矣。

后主冥顽不灵，根本听不进去，潘佑反而因此被逼死。

他们都是亡国之君，结局同样悲惨。巧还巧在，他们败降之后，又分别遇到了宋太宗和金太宗两个同样凶狠、毒辣、残忍的对手。当宋太宗用牵机药毒死李煜的时候，他绝对不会料到，一百五十七年之后，他的五世嫡孙赵佶竟瘐毙在金太宗设置的穷边绝塞的囚牢之中。

他们同样遭到无情的命运的作弄，先是不得其宜地登上帝王宝座，使他们阅尽“人间春色”，也出尽奇乖大丑，然后手掌一翻，“啪”的一下，再把他们从荣耀的巅峰打翻到灾难的谷底，让他们在残酷无比的炼狱里，饱遭心灵的折磨，充分体验人世间的大悲大苦、大劫大难。

也许因为他们两个人的相似之处太多了，于是，有人就传说宋徽宗是南唐李后主托生的。据说，徽宗出世前，他的父亲宋哲宗赵煦曾经去秘书省观看李煜的画像，对这位风流才子的儒雅风标颇为心仪。随后，赵佶就降生了。有人写诗为赞：

闻说重光有后身，道君耽艺岂无根？
谁知百五余年后，也作降王拜女真。

李煜字重光；赵佶笃信道教，称“教主道君皇帝”。李煜死后一百五十二年，赵佶父子也做了金人的俘虏。有人说，这是宋太宗赵光义残酷虐杀李后主的因果报应。这当然属于无稽之谈，但宋徽宗与李后主由于才非所用，最后导致灭国亡身的悲惨命运，却是千真万确的。

关于这位南唐国主，宋太祖赵匡胤有个十分恰当的评价：“李煜好个翰林学士，可惜无才做人主耳！”又说：“李煜若以作诗工夫治国事，岂能为我虏乎？”清代诗人郭频伽也咏叹他：“做个才人真绝代，可怜薄命做君王！”本来不是君王的材料，却偏偏被拥上“九五之尊”，结果，既逃脱不了亡国罪责，留下千秋的愧憾，又要终日以泪水洗面，断送残生，而且祸殃妻孥，真是所为何来？

历史不容假设，但我也曾偶发痴想，假如宋徽宗、李后主当初没有当上皇帝，而是从其所欲，专心致志于所擅长的专业，那又会怎样呢？

山庄里的两对祖孙

一

说到承德避暑山庄，它的旖旎风光，人们无不交口称赞，叹为观止；而其灿烂、丰厚的文化蕴涵，尤其令世人倾倒。可以说，这里浓缩了多姿多彩的清代历史，而且，随处都能感受到当日创建者的深谋远虑、良苦用心。

徜徉其间，人们首先会想到康熙大帝。当时，处于内忧外患之时，特别是沙皇俄国侵略扩张的触角已经伸向了黑龙江地区，引起了康熙帝的高度警觉。于是，在平定了“三藩之乱”后，他及时地把主要精力转向了北方。而这一切，都有赖于整军经武，弘扬民族的尚武传统，保持八旗固有的勇悍的战斗力。为此，他坚持了由顺治皇帝始创的北出口外、围场射猎的制度，并圈建了总面积约一万平方公里的木兰围场，以身作则，倡导娴习骑射，演练兵马。

与开辟木兰围场相结合，康熙四十二年，又在靠近围场的承德武烈河畔始建避暑山庄。这里“左通辽沈，右引回部，北压蒙古，南制天下”，地理位置十分优越，是沟通中原与东北，直达黑龙江，接连内外蒙古的必经通道。而且此间离京师不过二百千米，驿差驰马传递文书，往返只需两天时间；如果用“五百里加急”方式传送皇帝诏谕，甚至可以朝发夕至，确实是个理想的所在。

综观历代园林之营造，一般都着眼于创造理想的栖居环境。尤其是皇家园林，几乎无一例外，都是为了给皇帝提供游幸、憩居、享乐、赏玩的生活空间。而康熙帝营造避暑山庄则有意突破这一局限，除了夏日避暑，更多的还是出于巩固政权、治理国家的考虑，带有浓重的政治色彩。结果，这里成了以弘扬民族尚武传统、安抚和团结边疆少数民族、巩固国家统一为旨归的清代第二个政治中心。在康熙皇帝心目中，此处之山水园林，实际上是表达与寄托着帝王政治思想与治国抱负的特殊场所。诚如他的孙子、后来的乾隆帝所言：“我皇祖建此山庄于塞外，非为一己之豫游，盖贻万世之缔构也。”西方哲人黑格尔也敏锐地发现了这一点，他从避暑山庄这座园林诸多与众不同之处，特别是从“周围那些规格高贵的寺庙”，看出了“亚洲大皇帝的用心”。这种政治考量，当时的朝鲜使臣也分明注意到了。他们在山庄觐见后，就说：此乃“天子身自备边也”；具见“康熙皇帝之苦心。而其曰避暑者，特讳之也”。

从康熙皇帝在山庄题写的两首“望月”七绝中，也可以充分地看出来。

荒塞天低夜有霜，一轮明月照苍凉。

不贪玉宇琼楼看，独在遐陬理外疆。

桂树清光挂碧天，云开万里塞无烟。

远人向背由敷政，惟在筹边与任贤。

前一首，通过述志抒怀，表达了这位雄才大略的帝王的志趣：不贪恋九重丹陛、玉宇琼楼的荣华、尊贵，而是居安思危，励精图治，置身遐荒塞外，处理安边固本的大事。后一首，由绘景抒怀进入理性思考，得出规律性的认识——面对着蟾桂高悬、云开万里的碧空清景和边烽不举、紫塞无烟的升平气象，他想到了政策与策略关系着人心向背、国脉兴衰这一千古至理，要想“合内外之心，成巩固之业”，一在筹边，即实施恰当的民族政策，同时，整军经武，建立牢固的国防；一在选贤任能，治理内政。

康熙大帝深深懂得，历代边关不宁，多在北方，祸患往往起于居无定所的游牧民族。为此，他把维护国家统一、笼络北方民族、实现民族团结作为营造避暑山庄的落脚点。为了接待蒙古王公，在山庄周围敕建了溥仁寺、溥善寺等豪华的寺庙，营造一种浓重的神秘的宗教气氛，用以象征边疆各民族心向朝廷，如众星之拱月。以后又应其他各族之需，修筑了十多座寺庙，笼括了藏传佛教、中土佛教、各地民俗多神信仰和尊孔崇儒等多方面供奉的内涵。各具特色的建筑格局，形制华美、壮观，格调威严、肃穆，成为北部、西北部和西南边疆各个民族礼佛、朝觐向往之所在。其用意是既深且远的。

当然，更实际、也更深层的考虑，还是通过辟建围场，开展名为“木兰秋狝”的习武、射猎活动（实质上即古代形式的大规模的军事演习），保持与发扬本民族的尚武精神。满族原本是一个在严酷的自然环境下成长起来，以骑射宰制天下的勇猛精进的民族。可是，自从八旗进关之后，数十年间，承平日久，渐远干戈，昔日那种勇武剽悍的传统日渐式微。在平定吴三桂叛乱的战斗中，许多当关的将帅已无攻城拔寨之志，而个别久战沙场的名将，一听说要提兵打仗，竟然托病请求免征，有的甚至丢开队伍，临阵脱逃。这一危险的兆头，使康熙帝深感忧虑，于是，下决心要对八旗将士严加整饬。

首先由皇子皇孙、宗室子弟带头，先行严格训练。规定从康熙二十年开始，每年都要定期北巡，组织骑兵、射手去木兰围场习武射猎。前后达四十八次之多，每次二十天左右。他把这里看作训练军队的演兵场，磨炼皇子皇孙意志和体力的熔炉。那个时期的围猎活动，要求与实战一样，非常严格，非常艰苦。康熙帝自言，木兰秋狝，“往来沙塞，风尘有所不避，饮食或致不时”，可以让那些公子哥儿，“博犀兕以作气，冒风雪以习劳”。用意是十分鲜明的。

二

显然，康熙帝创建避暑山庄的初衷，是弘扬祖上尚武传统和中华大一统精神，开展多种有利于巩固边疆的活动。而几十年过后，到了他的孙子乾隆帝手里，这里的主要功用，便逐渐转化为赏赐封爵，召见各民族首领，开展各种外事活动。一以迎宾宴集，歌舞承欢；一以笼络各方，强化统治；一以宣扬中华大国的天威。当时，正处在清王朝的鼎盛时期，又兼乾隆帝本人极爱也极善于表现自己，所以，整个山庄便成了他借以示富、示威、示盛、示恩的理想场所。以木兰秋狝来说，名称没有改变，但内容实质已发生了变化，遵照蒙古习俗，在这里举行所谓“塞宴四事”：诈马（赛马）、什榜（蒙古音乐）、布库（相扑）、教駣（驯马）。从山庄中满布赏景、饮宴与观戏之设施，即可以充分地看到由实战性向娱乐性的转变。

继位的第六年，乾隆帝首次以君王身份驻跸山庄，曾即兴赋两首七绝：

香风摇荡绿波涵，花正芳时伏暑三，
词客《关山月》休怨，来看塞北有江南。

菱花菱实满池塘，谷口风来拂棹香。
何必江南罗绮月，请看塞北水云乡。

《关山月》，汉乐府横吹曲名，出自文人笔下，内容多写边塞士兵久戍不归、伤离怨别的情景。唐人王昌龄《从军行》有“更吹羌笛《关山月》，无那金闺万里愁”之句。乾隆之诗翻用了这层诗意。两首七绝的主旨，都是说山庄就是“塞北江南”。正因为塞北也有江南，所以，告诫词人不要再谱写怨别伤离的《关山月》

曲了。他写的也是塞外，而且也写到了月华。我们不妨拿它同康熙帝的两首“塞外望月”诗对照一下，研究研究他们祖孙在立意方面的差异。

乾隆的诗没有多少味道，但应该承认，他的感觉还是不错的。漫步在芝径云堤上，与如意洲、冷香阁隔水相望，确实有一种置身江南的感觉。想象中，一列文臣雅士在风流皇帝带领之下，衣冠雍容，神情潇洒，凭栏远目，赏景吟诗，实在很难把他们同那个轻骑射猎、骁勇顽强的民族联系起来。心中不由地涌出了一句话：“真个是：江南妩媚，雌了男儿！”

乾隆皇帝的寿辰为农历八月十三，当时称为“万寿节”，正处于山庄避暑季节。因此，除个别时候要返回京师庆贺，平时每年的祝寿活动都要在山庄内举行。在他的七十寿诞那天，所有部院大臣和全国各地的督府、大员都赶到避暑山庄来向皇帝送厚礼，结果在古北口外，当时运送礼品的大车就有三万多辆。同康熙时代“落日照大旗”“沙场秋点兵”的寒光闪烁、刀剑争辉的场景相对应，此际的笙歌彻夜、舞影蹁跹的承平气象，成了山庄的另一类风景线。

举办于山庄万树园等处的“草原盛宴”是另一类的典型。乾隆年间，完成了天山南北的统一，从而最终实现了全国的统一。对这一煌煌胜绩，乾隆颇引以为豪。因此，每当各部首领入朝进贡时，他都要在避暑山庄设宴款待，设置多处大黄幄宝殿，可容纳上千人，宗室王公、贝勒和各少数民族首领都要与会，俗称“大蒙古包宴”。银花火树，万盏齐明，亮同白昼。乾隆帝曾咏诗以纪其盛：

西陲平定已多年，宴赉频施毕后先。

孰意新归额济勒，山庄重看设灯筵。

乾隆帝在山庄的生活，可说是穷奢极侈。这里只说一件事：把全国各地的名泉统统收集起来进行比较，其中有无锡的惠山泉、杭州的虎跑泉、济南的趵突泉、北京的玉泉山水，经过用戥子分别秤量，认定北京玉泉山的水最好。可是，这时又有专家说了，泉水不仅要“轻”，还必须“清”。那么，比玉泉山水更清的是什么呢？唯有荷花上面的露珠了。这样，他就要喝露水，要用露珠来烧水泡茶。结果，避暑山庄里每天都要出动很多人划着船去荷塘中收集露珠。他所享用的水果也必须是最新鲜的，要用驿站快马不分昼夜地从福建运送鲜荔枝过来，像当年的杨贵妃那样：“一骑红尘妃子笑，无人知是荔枝来”。

到了晚年，乾隆皇帝对于这种奢侈无度的生活，也曾有所悔悟。在《避暑山庄后序》中，他写道：

若图己乐而忘人苦，亦非仁人之所为也。若夫崇山峻岭，水态林姿，鹤鹿之游，鸢鱼之乐，加之岩斋溪阁，芳草古木，物有天然之趣，人忘尘世之怀，较之汉唐离宫别苑，有过之无不及也。若耽此而忘一切，则予之所为膻芗山庄者，是陷阱，而予为得罪祖宗之人矣。此意蓄之久而不忍言。今老矣，终不可不言，故书之，既以自戒，仍敬告我后人。若后人而忘予此言，则与国休戚相关之大臣，以及骨鲠忠直之言官，执予此言以谏之可也。设谏而不从，或且罪之者，则是天不佑我国家，朕亦无如之何也，已矣。

尽管这种悔悟为时已晚，但其恳挚的态度、沉痛的话语，仍然发人深省，令后世感怀无限。当然，即使他逐渐形成了忧患意识，但也没有觉察到，实际上，这个天朝帝国已经危机四伏，种种盛极而衰的气象已经显露出来。外方人士的说法，也许要较为清醒与客观一些。乾隆五十八年七月下旬，由马戛尔尼率领的英国外交使团，经海道至天津大沽口岸，然后赴承德避暑山庄，为皇帝祝寿，被恩准觐见乾隆皇帝。在接受了一大笔十分贵重、比较罕见的祝寿礼品之后，大清皇帝给予使团以很高的接待规格，但对使团所提出的通商、建交及一些具有殖民主义性质的无理要求一一加以回绝。最后，为了显示天朝的富庶与强大，安排他们纵穿中国本土，南下广州，取道海上回国。然而这一切恰恰给予马戛尔尼广泛接触社会、客观了解中国的绝好机会。他没有为豪华的排场、纷繁的表象所迷惑。当乾隆皇帝大肆夸耀其“十全武功”，沉醉在盛世狂欢的时候，他却敏锐地发现：不管英国人进攻与否，“中华帝国只是一艘破败不堪的旧船，只是幸运地有了几位谨慎的船长，才使它在近一百五十年期间没有沉没。它那巨大的躯壳使周围的邻国见了害怕。假如来了个无能之辈掌舵，那船上的纪律与安全就都完了”。船“将不会立刻沉没。它将像一个残骸那样到处漂流，然后在海岸上撞得粉碎”，而且“将永远不能修复”。马戛尔尼对清王朝的印象，遂成为英国制定以后对中国外交政策的主要参考依据。

三

“人事有代谢，往来成古今。”大清王朝这一艘“躯壳巨大”的航船，终于更换了掌舵者。继康熙、乾隆这对祖孙之后，紧接着，山庄又迎来了嘉庆、咸丰这一对祖孙。

嘉庆的才华不及他的父亲乾隆，但素质差强人意。他不像乃父那样爱炫耀，尚虚荣，喜奉承，游山玩水，征歌选色。登极以后，在修身、用人、节用、奖廉方面，都做出了积极努力，并取得了一定成果。但是，封建社会的末日和清王朝的没落，两者重叠在一起，实实地压在他的身上，这注定了他难以有所作为，只能以悲剧收场。嘉庆一朝，可说是与变乱相终始，一波未平，一波又起，确是没有一天宁静过。

乾隆朝后期，社会矛盾日益滋长，灾患频仍。嘉庆帝一登上龙墩，就赶上了湖北、四川的白莲教徒起义。接着，又遇到东南沿海所谓“海贼”的骚动和几乎酿成大乱子的接连三次发生在陕西宁陕、西乡和四川绥定的兵变。尔后，便是直隶、河南、山东的天理教徒起义。并且在十年间，先后发生了刺客闯劫御轿和起义军冲进紫禁城的险情，使他精神上受到了强烈的刺激。当时官贪，兵疲，民乱，河决，财困，整个社会千疮百孔。在位二十五年，他曾跑到避暑山庄十七八次，主要目的已经不同于先祖的尚武、筹边，甚至连乾隆时期那种歌舞升平、强化统治、宣扬国威的气象也不见了。虽然也曾举行过秋猎活动，但已经不具备往昔那种浩荡的气派和声势了。结果，就在一次“秋狝”中病倒了，回到避暑山庄后，即“觉痰气上壅，至夕益盛”，最后于烟波致爽殿“龙驭宾天”。分析原因，可能是年逾花甲，身体肥胖，天气暑热，旅途劳顿，诱发心脑血管疾病而猝死。

四十年后，他的嫡孙咸丰皇帝遭遇比他更为惨淡的结局。咸丰在位十一年，虽然也有锐意图治之举，但其自身纵情声色，宴安怠惰之行愈益发展。同他的祖父一样，咸丰朝同样一直处于多事之秋，内忧外患，如影随形。内忧是洪秀全领导的太平天国、遍布几十个州的捻军等反清势力。贪官污吏的勒索和水灾旱灾造成的饥馑，迫使农民大批离开土地，加入这些造反队伍。外患是，英国人占广州，英法联军占京城，俄国人占伊犁和黑龙江流域大片地区，“亚罗”号事件、第二次鸦片战争、圆明园被焚，《北京条约》的签订，都给他以沉重的打击。

自从《天津条约》签订之后，咸丰帝就整天忧思抑郁，更加寄情文酒，贪恋女色。鉴于宫中行止有节，诸多不便，因而“尤喜园居”。整天蜗居在圆明园里，又是制曲，又是排戏，有时还去看戏，恣意享乐。直到英法联军北犯通州，他再也稳不住神了，当即打算逃遁到热河行宫躲起来。一时京城上下惶恐万分，纷纷迁徙。清军八里桥败退之后，他更是丧魂落魄，紧急任命奕訢为钦差大臣，督办和局，自己则于次日凌晨带上皇后钮祜禄氏、宠妃叶赫那拉氏等十三名妃嫔及五岁的小皇子载淳逃往避暑山庄，变“避暑”为“避难”。由于没有足够的准备，一路上又饥又渴，又惊又累。出发不久，就紧急发谕，让奕訢等留京官员设法牵制英法联军，防止他们再向热河进逼。

尽管奕訢等多次请求圣驾回銮，但咸丰帝由于害怕回京后遭到外国侵略者的挟制，硬是在山庄里躲避了十一个月，这是他以皇帝身份“北巡”山庄的第一次，也是他的最后一次，同时也是清朝最后一位走进山庄大门的最高统治者。这样，北京城完全处于无任何抵抗的状态。很快，英法侵略军就闯进了圆明园，先是抢劫园内珍宝，最后放火焚烧，使中国珍宝荟萃的皇家宫苑化为灰烬。而他则躲在烟波致爽殿里，整天贪恋女色、美酒、丝竹皮黄，过万寿庆典，赏“有功”群臣；再就是屈辱含愤地“御批”几个丧权失地的卖国条约，其他没有任何堪足载记的修为，最后也在这里黯然辞世。

比起康熙帝的雄才大略，乾隆帝已经差逊一筹，但这对祖孙毕竟还是有所作为的。而嘉庆、咸丰这一对祖孙，就只剩下丧权辱国、丧魂失魄、窝囊晦气了。除了称之为“龙头鼠尾”、一代不如一代，夫复何言！

政要篇

功名两个字，
用破一生心

杨升庵与《临江仙》词

一

那年夏天，我在大连白云书院文学讲座上，说到“诗言志”“言为心声”时，曾引用明代学者杨升庵的一首《临江仙》词作为例证。课后，一位听众提问：这首词写进了长篇小说《三国演义》，现在正在热播的同名电视剧主题曲也是这首《临江仙》词。人们都知道，《三国演义》的作者是罗贯中，他是元末明初的著名小说家。而您刚才说这首词是杨升庵的作品，又说他是明代中晚期人。这就出现了矛盾：一个明代中晚期人的作品，怎么会被元末明初的罗贯中收进小说里去呢？

这个问题很有意思，可是说开了却又十分简单。原来，《三国演义》经过了清代顺治初年长洲士人毛纶、毛宗岗父子的整理加工，在进行评点的过程中，把杨升庵这首词置于卷首，以托寓其人生态度和价值取向。就是说，与原初作者罗贯中没有干系。

至于杨升庵为何要写这种格调、这种思想倾向的词，那就绝非三言两语说得清了。

古往今来，每一个人，每一件事，都存在于时间和空间的一个交叉点上，无论人们怎样冀求长久，渴望永恒，但相对于历史长河来说，却只能是电光石火一般的瞬息、须臾。生命的暂住性，事物的有限性，往往使人堕入一种莫名的失望和悲凉。当然，这又是无法避免的，因为只要生活在具体的时空里，每一个个体就总会显现出它真正的渺小和空幻。

为了摆脱这一根本的局限性，超出生命长度，得到更多更多，无数英雄豪杰费煞移山气力，耗尽无涯岁月，到头来总不能如愿以偿，最后只好怅然而去。大约只有在宗教和艺术的幻想中，才可能侈谈所谓“绝对的超越”。一切历史只能复活在记忆与叙述之中，一切“绝对的超越”，一切永恒只能存在于想望之中。

人生的历程是不可逆的。任何人生命的时空，在现实生活中都是一次性的。正是这生命的一次性，使我们从出生的一刻起，就面临着死亡，面临着结束。因此，作为个体的生命，暂居性便成了无可改变的状态。在历史的长河中，我们所能亲历的只是时间中的瞬间。盖世英杰也好，村野凡夫也好，无论是谁，分享的都只是这个永恒世界中的短暂的现在。归根结底，还是李太白说得透彻：“今人不见古时月，今月曾经照古人。古人今人若流水，共看明月皆如此。”

正是基于这一点，明代著名学者杨升庵，才在晚年创作的《历代史略十段锦词话》（亦称《廿一史弹词》）中，抒发了这番感慨。这部词话上起鸿蒙初辟之时，下至元代，共分十部分。其中第三段的开场词，就是这首《临江仙》，上阕是：

滚滚长江东逝水，浪花淘尽英雄。
是非成败转头空。
青山依旧在，几度夕阳红。

词意十分鲜明，无非是览史兴怀，抒写由沧桑迭变所引发的人生感悟。这里化用苏轼《赤壁怀古》的成句，巧妙地把长江东逝与人物迁流联系起来。江水滔滔，今古无异，而历史上匆匆来去的“千古风流人物”却如巨浪淘沙，消逝净尽。

诗人纵观历史，思量世事，发现了一个令人嗒然无奈的事实：“是非成败转头空”。万千成败是非，转瞬间烟消云散，与历史长河相比，实在显得非常的渺小与短暂。杨升庵对历代盛衰兴亡、千古英雄成败的彻悟，并不是无谓而发的，里面渗透着他从自身的颠折遭际中所获得的真切、实际的生命体验。

二

升庵，名慎，四川新都人，出身于中国封建社会后期一个典型的官僚地主家庭，从小就受到良好的家庭教育。父亲杨廷和是吏部尚书、武英殿大学士，一朝宰辅，元老重臣，而祖父、叔叔、弟弟、儿子，也都是进士及第，因此，有“一门科第甲全川”之誉。他二十一岁时参加会试，主考官已将他的文章列为卷首。不料烛花竟落到试卷上，烧出了一个窟窿，结果名落孙山。三年之后，他在二十四岁时殿试第一，考中状元，任翰林院修撰和经筵讲官达十二年之久。早期的仕途，飞黄腾达，春风得意。他也以直言敢谏驰名朝野。当时，武宗正德皇帝不务朝政，荒淫无度，专门寻花问柳，设置“豹房”，还带着宦官化装外出，到处奸淫民女。杨升庵呈上奏章，指责皇帝“轻举妄动，非事而游”，犯颜直谏，但皇帝未予理睬。后来，武宗纵欲亡身，没有子嗣，也无兄弟，经内阁首辅杨廷和与皇太后张氏商定，依照《皇明祖训》“兄终弟及”的规定，由其同辈庶出的近支堂弟朱厚熜继承大统，是为世宗嘉靖皇帝。

世宗即位第六天，就下诏礼部，命廷臣集议自己生父兴献王的主祀和尊号。以首辅杨廷和为首的府部群臣一致认为，本着帝系继统制度，应该以国为重，“继统继嗣”，这就要称武宗之父、兴献王之兄孝宗为“皇考”；而称兴献王为“本生父”或“叔父”。可是年仅十六岁的少年天子，为了提高本家宗族的地位，决意打破这个规定，以其生父兴献王为“皇考”，奉祀以皇帝尊号。从宗族承嗣上看，这就意味着脱离了孝宗、武宗支派，从而在朝廷中引发了一场承认皇统还是尊奉家系的所谓“大礼议”的激烈论争。当时内阁大臣中分为两派，新科进士张璁等主张遵从上意，称孝宗为皇伯，并提供了许多理论依据；而内阁派杨廷和父子与众大臣都坚决反对。嘉靖皇帝为了维护其本宗权益，保持他的绝对权威，并防止相权借此膨胀，断然固持己见。杨廷和愤然以辞官归里相要挟，皇帝并不予以挽留。

于是，皇帝正式下诏改称生父为恭穆皇帝，杨升庵便纠集一些人上疏切谏；没得到答复，他又和廷臣们跪伏左顺门外请愿。

皇帝更加震怒，下令将带头抗命的八个人逮捕下狱。这就更加激起了群臣的愤慨，杨升庵年轻气盛，激动万分，高喊：“国家养士一百五十年，仗节死义，正在今日！”当日有二百多名廷臣在金水桥畔、左顺门前跪伏痛哭，抗议非法逮捕朝臣，高呼“太祖高皇帝”“孝宗皇帝”，声震云天，响彻宫廷。皇帝下令逮捕哭声最大的一百三十四人，投入锦衣卫诏狱，全部廷杖。杨升庵被杖击后，死而复苏；十日后，再次廷杖，几乎死去。最后，谪戍云南永昌（今保山市），“永远充军”。这一年，他三十七岁。

左顺门事件被弹压下去之后，除个别人外，基本上没有人公开持反对意见。嘉靖皇帝遂把他父亲的神主，从湖北安陆迎奉入京，尊号为“皇考恭穆献皇帝”。

关于这场轰天动地的宫廷大案的是非曲直，后世意见不尽一致。《明史》对嘉靖帝是持批评态度的，说将他生父“升祔太庙，而跻于武宗之上”，实在过分。这无异于肯定杨升庵等人行为的正义性。当代学者王文才认为，“在这次激辩中，杨慎奋抗暴君，痛击邪曲，表现其‘见义不敢后身’的政治品质”（见《杨慎诗选序》）。而台湾学者柏杨则对杨升庵予以激烈抨击，鉴于他所坚持的是宋代程朱理学，斥之为“卫道之士”的“奴性狂热”，“恬不知耻”，“颠倒是非”（见《中国人史纲》）。其实，这两方面的是是非非，恐怕未必存在太大的实际意义。如果说，在皇帝那边还有个切身利益与宗族地位的考量；那么对于杨升庵来说，无非是头脑里的“礼制”作怪，那么拼命奋争，直到付出几十年的惨痛代价去较这个死劲，既不能说“奴性狂热”，“恬不知耻”，大概也谈不上什么“义所当为”。

当然，这是后人的评说。作为当事人，杨升庵的彻悟绝对需要时间，需要实践，其间不仅有出生入死的生命体验，还离不开数十载穷边绝塞谪戍岁月的苦难生涯。

嘉靖皇帝登极后，二十余年置朝政于不顾，整天躲进西苑，炼丹修道，却时刻记着杨氏父子的“仇口”。他曾咬牙切齿地说，他在位一天，就不让杨升庵有出头之日，真是结下了永远解不开的死疙瘩。而偏偏这个昏庸君主在位时间又特别长，足足四十五年。杨升庵不要说回朝任职，即便普通的罪犯年老多病之后返回故里的“优渥”，他也享受不到。父亲去世，他曾奔丧归里，但很快即返还戍所。后来，已经年满七十，他从云南偷偷溜回四川，巡抚察知之后，立刻派遣“四指挥逮之还”。

三

生活是一部教科书。当日的鲜花着锦、烈火烹油般的荣华富贵，转瞬间化为乌有，由权力的峰巅跌入幽暗的谷底，这惨痛的遭遇，特别是政治上大起大落的浮沉跌宕，在给予杨升庵以沉重打击的同时，更使他在精神上获得了升华。作为一代哲人，他从庄子那里领悟了达生之道，认识到在人生的道路上，不如意事常八九，尽可奉行“模糊哲学”，等同地看待那些荣辱、穷通，是非、得失。只要自己能够克服心理上的诸般障碍，则对人间万事尽可弛张莫拘，舒卷无碍。恰如他在《临江仙》词的下阕中说的：

白发渔樵江渚上，惯看秋月春风。

一壶浊酒喜相逢。

古今多少事，都付笑谈中。

不要说后世的论者，即使他自己，数十年后，作为一个远戍蛮荒的平头百姓，徜徉于山坳水曲之间，以淡泊的心境回思往事，料也能够感到，当年拼死相争的所谓“悠悠万事，唯此为大”的皇上称父亲为皇考还是为皇叔的所谓“大礼议”，不过是“相争两蜗角，所得一牛毛”。真个是“古今多少事，都付笑谈中”了。

实际上，这种彻悟与觉醒，不只是反映在这首《临江仙》词里。综观其后期的大部分诗作，特别是《历代史略十段锦词话》，可以说，贯穿了这种淡泊功名、脱略世事的蕴涵。且看词话《总说》中的《西江月》：

天上乌飞兔走，人间古往今来。

沉吟屈指数英才，多少是非成败。

富贵歌楼舞榭，凄凉废冢荒台。

万般回首化尘埃，只有青山不改。

《说三代》里的《南乡子》：

携酒上吟亭，满目江山列画屏。

赚得英雄头似雪，功名。虎啸龙吟几战争。

一枕梦魂惊，落叶西风别换声。

谁弱谁强都罢手，伤情。打入渔樵话里听。

《说宋辽金夏》中的《蝶恋花》：

检尽残编并断简，细数兴亡，总是英雄汉。
物有无常人有限。到头落得空长叹。
富贵荣华春过眼，汉主长陵，霸主乌江岸。
早悟夜筵终有散，当初赌甚英雄汉。

看得出来，这些词作既是他多年谪戍生涯、惨淡心境的真实写照，刻画出他以秋月春风、青山碧水为伴，寄情渔樵江渚的闲情逸趣，也是诗人赖以求得自我解脱，从一个方面放弃自己，又从另一方面获得自己的一种价值取向。正是这种超然物外，摒弃种种世俗烦恼，对个人的一切遭际表现出旷怀达观的人生态度，帮助他度过了漫长、孤苦的凄清岁月，最后得以七十二岁的上寿终其天年。

四

杨升庵差堪自慰的是，他有一位爱情甚笃，且擅诗词散曲、多才多艺的夫人黄峨。在这对贤伉俪的生命旅程中，相依相伴、鹣鲽情深的岁月极为短暂，而“执手相看泪眼”，生离甚至死别的时日却无比漫长。在杨升庵遣戍滇南途中，黄峨以羸弱之躯，不惮跋涉之苦，对丈夫殷勤照护。她不放心丈夫的病体和疮痛，执意要亲自护送到蛮烟瘴雾之地。但升庵看到妻子面黄肌瘦、弱不禁风的状态，再也不忍心让她同受折磨了，而且家里还有老人需要照顾，行至江陵驿站，便力劝她返回四川新都老家，并填写一首《临江仙》词送别：

楚塞巴山横渡口，行人莫上江楼。征骖去棹两悠悠，相看临远水，独自上孤舟。

却羡多情沙上鸟，双飞双宿河洲。今宵明月为谁留？团团清影好，偏照别离愁。

“楚塞”指江陵西面的南津关，由此溯江而上，妻子即可入蜀还乡。两人不忍分开，又不得不分开。正在离人饱尝生别之苦时，偏偏此刻又有圆月当头，更令人苦痛加倍，情难以堪。

升庵行至金沙江畔，回思夫妇当时泣别的情景，又以一首七绝状写其填胸塞臆的苦情：

岂意飘零瘴海头，嘉陵回首恨悠悠，

江声月色那堪说，肠断金沙万里楼。

黄峨回到新都，看到桂湖风物依旧，而人事全非，含泪写下怀念丈夫的七律《寄外》：

雁飞曾不到衡阳，锦字何由寄永昌。

三春花柳妾薄命，六诏风烟君断肠。

曰归曰归愁岁暮，其雨其雨怨朝阳，

相闻空有刀环约，何日金鸡下夜郎。

据清代学者王昶《滇行日录》记载：“访升庵谪居故址，今为甲杖库，入视之，有楼三楹，颓废不可憩矣。楼下有人书黄夫人‘三春花柳’律句。”可见，此诗当时流传甚广。黄峨后来还曾写《又寄升庵》：

懒把音书寄日边，别离经岁又经年。

郎君自是无归计，何处青山不杜鹃。

一个“懒”字，既刻画了寄信人慵懒不爽、了无情绪的心理状态，又反映了长期思念丈夫，经岁经年不得相见的精神痛楚。既然归来无日，那就特请无处不在的泣血杜鹃来传送心曲吧。杜鹃的“不如归去，不如归去”的阵阵凄苦哀号，恰似女诗人的声声呼唤。

升庵谪戍初期，黄峨曾去云南永昌探望，夫妻同住两年多时间。后来老父去世，升庵赶回新都治丧，夫妇得以再次短暂会面。此后，就山长水远，劳燕分飞，只能在梦中相见了。

五

杨升庵谪戍生涯中，“壮心不堪牢落”，投荒多暇，于书无所不读，至为刻苦、勤奋，著述达四百余种，诗词传世两千余首。

清人李调元在《函海》序中称他“为古来著书最富第一人”。《四库全书总目提要》对于他的诗词评价很高：“以博洽冠一时，其诗含吐六朝，于明代独立门户”。此外，他在天文、地理、语言、戏曲、书画、医学、金石、博物等方面均有建树。特别是在哲学、文学、史学方面，“拔戟自成一队”，取得了突出的成就。因此，从一定意义上说，他的失败促成了他的成功——他在仕途上的惨痛失败，为他在学术、创作上的巨大成功提供了必要的条件；而他在物质生活上的损耗，恰恰增益了他在精神世界中的获取。他以摒弃后半生的荣华富贵为代价，博取了传之久远的学术地位。

他在晚年，对于年轻时所拳拳服膺并为之奔走呼号的程朱理学，做了深刻反省。他从学术、思想诸多方面批评朱熹，指责他“违公是远情”，用自己的理学思想来诠释儒家经典，否定汉唐诸儒经说，以确立自己的思想权威，而后儒不察，盲目地仰承他的鼻息，为害至大。

尤其值得称颂的是，他在永昌“化育多士”，堪与谪居儋州的苏东坡媲美。在久居边徼的流人中，就敷扬文教、文化交流的善行来说，有明一代应首推杨升庵。他的足迹遍布滇云大地，讲学、结社、觞饮、留题，当地士人，无论识与不识，都载酒从游。一时，就学问道者塞满山麓，接踵摩肩。（见《蒙化府志》）杨升庵所到之处，操觚题诗，撰书刻石，在云南各地留下了大量碑碣。时人李元阳在《送升庵先生还螳川客寓诗序》中说：“先生旧尝读书点苍山中，著《转注古音》以补字学之缺。一时问字者肩摩山麓。先生今日复至，则曩昔问字之士，皆崭然露头角为闻人矣。识者谓先生所至，人皆薰其德而文学用昌，有不及门而兴起者矣，况亲炙之者乎！”

对于杨升庵晚年纵情声色，流连歌妓，几至颓废的程度，论者颇有微词。明人王世贞《艺苑卮言》中说：升庵贬谪滇中，有东山携妓之癖。当地一些部落的首领，为了得到他的诗文翰墨，常常遣使一些歌妓身裹白绫，当筵侑酒，就便乞书，升庵即欣然命笔，醉墨淋漓裙袖。其在泸州，醉中以胡粉扑面，作双丫髻插花，由门生抬着，诸妓捧觞侍侧，游行城中，了无愧怍之感。明代画家陈洪绶绘有《升庵簪花图》，更是形象地刻画出这种情态。

我们没有必要“为贤者讳”，佯狂作态，放浪形骸，无疑昭示了杨升庵晚年落拓无聊、放荡不羁的心境。但在我看来，也在一定程度上反映了他的愤世嫉俗、玩世不恭的心理，是对其终身流谪徼外这种过苛的处罚的消极反抗；同时，也是他全身远祸、韬光养晦的一种方式。嘉靖皇帝出于对杨氏父子的愤恨，时时欲置之于死地。史载：“世宗以议礼故，恶其父子特甚。每问慎作何状，阁臣以老病对，乃稍解。慎闻之，益纵酒自放。”从这一点看，升庵的“故自贬损，以污其迹”，实在也有迫不得已的苦衷。

东归史影

一

在新疆巴音郭楞蒙古族自治州采风，承东道主相告，二百多年前，蒙古族土尔扈特部在著名民族英雄渥巴锡率领下，历尽千辛万苦，从伏尔加河地区东归祖国，他们的后代的一支就住在这一带。这引起了我很大的兴趣。当即到蒙古族聚居的和硕、和静等邻近博斯腾湖地带，访问故老，考察遗迹，并在图书馆找到了乾隆帝亲撰的《土尔扈特全部归顺记》和《优恤土尔扈特部众记》两篇碑文，深深为土尔扈特部的爱国主义精神所感动。

土尔扈特部是厄鲁特蒙古四部之一，元代重臣翁罕的后裔。四部互不统属，各自为汗。由于不甘忍受准噶尔部的欺侮，17世纪20年代，土尔扈特部在其首领鄂尔勒克的率领下，自天山北路转移至伏尔加河下游地区游牧。其时在明朝末年，他们仍然同祖国保持着较为密切的联系，经常参加厄鲁特蒙古其他各部的共同行动。清朝建立之后，他们多次遣使进贡。从顺治三年（1646 年）起，历经康雍乾几代，互相往来不绝。1712 年，康熙帝派出使团前去探望他们，途经西伯利亚，两年之后到达土尔扈特部。1756 年该部遣使进京，历时三载，向乾隆帝呈献了贡品、方物，表明他们对沙俄"附之，非降之也"的立场。而沙俄政府却不断加紧对其控制，同时扶植土尔扈特部中的亲俄势力，进行分化瓦解，力图隔断他们与故国的联系。沙皇先后发动对瑞典、土耳其的战争，都强迫娴于骑术的土尔扈特人为其前锋，结果死伤惨重，"归来者十之一二"。

可怕的灭族之灾使部落内的有识之士忧心如焚，亟思救亡图存之计。尤其难以容忍的是沙俄实施宗教压迫，强制他们由藏传佛教改信东正教。在充满灾难的时日，他们对故国的怀念之情与日俱增。据史料记载，至迟在 1767 年初，土尔扈特部首领渥巴锡就已经开始酝酿东归的大胆计划。渥巴锡是一位非常有作为的青年英雄，1761 年，其父敦罗布喇什病逝，渥巴锡继承了汗位，是年十九岁。十年后率部东归，开创了震惊中外的伟业。

二

东归之路极为艰难险阻。在 1771 年 1 月（乾隆三十五年十二月）举事之前，就有内奸向沙俄当局告密，渥巴锡及时做出决策，妥善应对。在组织东归故国的整个进程中，他表现出杰出的智慧和领导才能。他把近十七万人的庞大队伍分为前、中、后三部分：

妇女老弱安排在中间，两侧有士兵保护；舍楞等两名勇将率领精锐部队为开路先锋；他亲自率领部队殿后，阻击尾追的沙俄军队。进军伊始便乘敌不备先发制人，袭击沙俄驻军兵营，并全歼增援的部队。尔后，经过十几天的急行军，摧毁了沿途的敌军要塞，掩护整个东归队伍以最快速度穿越冰封雪压的乌拉尔河，迅速挺进哈萨克草原，把尾追的俄军远远地抛在后面。

但沙俄当局并不就此罢休，急令奥伦堡总督指挥出兵截击，并派出骑兵穷追不舍，加上恶劣的自然条件，致使东归部队损失惨重，人口锐减。特别是奥琴峡谷之战，更为惊险。这个东进路上必经的险要山口，其时已被悍猛无比的哥萨克人控制。机智勇敢的渥巴锡临机制变，决定派遣一支精锐部队迂回到山谷后面，与正面进袭的大部队相配合，前后夹击哥萨克守敌，获得辉煌战果。当东归队伍进入姆莫塔湖地带，又陷入哈萨克小帐与中帐的五万联军的重围，被切断了前往准噶尔的通路。渥巴锡采取灵活机动的方针，派出使者进行谈判，同意送还一千名俘虏，从而争得了三天缓冲时间，迅速调整、部署兵力，在第三天深夜，渥巴锡亲率主力部队奇袭哈萨克联军，成功地突出重围，向巴尔喀什湖继续挺进。

乾隆三十六年七月初八日，前锋部队在伊犁河流域的察林河畔与前来迎接的清军相遇。至此，胜利完成了重返祖国的东归壮举。此时，全部只剩七万多人，六成以上牺牲在途中。按照清廷安排，渥巴锡一行起程前往承德。九月初，在木兰围场觐见了乾隆皇帝，几天后又陪驾到了避暑山庄。全部王公贵胄都受到了优厚的赏赐，部众也都得到了应有的赈济与抚恤。

乾隆皇帝欣喜之余，曾为诗以志其事："土尔扈特部，昔汗阿玉奇。今来渥巴锡，明背俄罗斯。向化非招致，颁恩应博施。舍楞逃复返，彼亦合无辞。""卫拉昔相忌，携孥往海滨。终焉怀故土，遂尔弃殊伦。弗受将为盗，俾安皆我民。从今蒙古类，无一不王臣。"

诗作艺术价值不高，但叙事、论理颇为翔实。土尔扈特汗阿玉奇是渥巴锡的曾祖（乾隆诗原注为祖父，误）。"向化"二句，意谓"土部"自动归附，朝廷应该广施恩惠。"卫拉"二句，指厄鲁特蒙古内部当年争衅不已，土尔扈特部被迫远出异国。"弗受"二句，是说如不接受叛而复返的舍楞，终将为盗滋事，莫若安顿下来使他们成为安分守己的百姓。这里体现了清廷的民族政策与安抚手段。

也正是出于安定大局的考虑，嗣后不久即颁发官印，安排"土部"六个核心成员分任各地的盟长，彻底改变了统一立汗的体制。这是清政府为防止其独立所采取的"众建以分其势"，"指地安置，间隔而住"的重大策略。这样处理也使个别成员酝酿中的争权夺位的矛盾消解在萌芽状态。安置地点主要在新疆，一部分在布克赛里、精河一带，一部分在科布多、阿勒泰地区，一部分在博斯腾湖一带。

三

近年来，反映土尔扈特部东归的文艺作品不少，就中以歌剧《苍原》和电影《东归英雄传》的影响大一些。它们在塑造渥巴锡英雄形象的过程中，对于矛盾发展、情节设置、人物刻画等方面进行多方面的探索，获得了很大成功，但有些问题处理得未尽合适。这里探讨的不是历史题材能不能加工处理，而是如何处理更合理、更真实。众所周知，艺术的真实，非即历史上的真实。写历史须实有其事，而创作则可以缀合、重组，在尊重基本史实的前提下，只要能表现真实历史的内涵，不必每一件都尽合榫卯。为了更好地认识和更深入地探寻历史的规律，也不妨变换视角和调整视点。

罗贯中在《三国演义》中没有完全拘泥于历史事实，但也并非凭空架构，而是对历史题材有选择地加以取舍，通过艺术构思进行了成功的再创造。就此，鲁迅先生指出“据正史则难于抒写，杂虚词复易滋混淆”。应该承认，《三国演义》的作者正是面临着这种两难的境地。但罗贯中毕竟是出手不凡的巨擘，他妥善地解决了这个难题。显然，较之罗贯中，《苍原》与《东归英雄传》的编导艺术活动天地更大一些。三国人物故事流传久已，为人们所熟知，这就使创作构思受到某种预定的制约，即不能完全无视原有的人物、主线和重要情节。而土尔扈特部东归的经过，史料记载有限，世人知之甚少。这样，剧作家便有了更多的创作余地，尽可自如纵笔，而无须更多顾忌。这原是有利条件，但也是一个容易掉进去的陷阱，弄得不好，就可能离开史实过远。这也是应该加以警惕的。

用破一生心

一

关于苦，佛禅讲得最多，有所谓“人生八苦”。生、老、病、死，与生俱来，可说是任人皆有的，只是程度不同而已；而求不得、厌憎聚、爱别离、五蕴盛，则是由欲而生，因人各异。古人说，人之有苦，为其有欲，如其无欲，苦从何来？曾国藩的苦，主要是来自过多、过强、过盛、过高的欲望，结果就心为形役，苦不堪言，最后不免活活地累死。

说到欲望，曾国藩原也无异于常人。经书上说：“饮食男女，人之大欲存焉。”他出生在农村，少年时代也是生性活泼、情感丰富的。十多岁出外就读，浪漫不羁，倜傥风流。相传他曾狎妓；妓名春燕，于春末三月三十日病殁，他遂集句书联以悼之：“未免有情，忆酒绿灯红，一别竟惊春去了；谁能遣此，怅梁空泥落，何时重盼燕归来？”一时传为佳构。至于桎梏性灵，压抑情感，则是系统地接受了儒家思想，特别是程朱理学之后。其间自有一段改造、清洗的过程。

他原名子城，字伯涵，二十一岁肄业于湘乡书院，改号涤生，六年后中进士，更名国藩。“涤生”，取涤除旧污，以期进德修业之意；“国藩”，为国屏藩，显然是以“国之干城”相期许。合在一起，完整地勾画出儒家“修、齐、治、平”的成材之路，也恰切地表明了他的立德、立功、立言“三不朽”的终极追求。目标既定，剩下的就是践履、操作的问题了。他在漫漫人生之路上，做出了明确的战略选择：一方面要超越平凡，通过登龙入仕，建立赫赫事功，出人头地；一方面要超越“此在”，通过内省功夫，跻身圣贤之域，“不忝于父母之所生，不愧为天地之完人”，名垂万世。

这种人生鹄的，无疑是至高、至上的。许多人拼搏终生，青灯皓发，碧血黄沙，直至赔上了那把老骨头，也终归不能实现。某些硕儒名流，德足为百世师，言可为天下法，却缺乏煌煌之业、赫赫之功；而一些建不世功、封万里侯的勋臣宿将，其道德文章又未足以副之，最后，都只能在徒唤奈何中咽下那死不甘心的一口气。求之于历代名臣，曾国藩可说是一个少见的例外。他居京十载，中进士，授翰林，拔擢内阁学士，遍兼礼部、兵部、刑部、工部、吏部侍郎；外放之后，创湘军，办洋务，兼署数省总督，权倾朝野，位列三公，成为清朝立国以来汉族大臣中功勋最大、权势最重、地位最高之人，应该说是超越了平凡。作为封建时代最后一位理学家，在思想、学术上造诣精深，当世及后人称之为“道德文章冠冕一代”，甚至被目为“今古完人”，也算得上是超越了“此在”吧。

可是人们是否晓得，为了实现这“两个超越”，他耗费了多少心血，历经何等艰辛啊！只要翻开那部《曾文正公全集》浏览一遍，你就不难得出结论：他是一个地地道道、不折不扣的悲剧人物，是一个终生置身炼狱，心灵备受熬煎，历经无边苦痛的可怜虫。

“功名两个字，用破一生心。”他自从背负上从儒家那里承袭下来的立功扬名的沉重包袱之后，便坠入了一张密密实实、巨细无遗的罗网，任凭他有孙悟空那样的冲天本领，也难以挣破网眼，逃逸出去。何况，他自己还要主动地参与结网，刻意去做那“缀网劳蛛”！随着读书渐多，理路渐明，那一套“立德、立功、立言”的终极追求，便像定海神针一般把他牢牢地锁定在无形的炼狱里。

歌德说，性格决定命运。那么性格又是由什么决定的呢？这恐怕不是一个“遗传基因”所能概括的，还应从环境和教养方面找原因。雄厚而沉重的历史文化积淀，已经为他做好了精巧的设计，给出了一切人生的答案，他不可能再做别样的选择。他在读解历史、认知时代的过程中，一天天地被塑造、被结构了，最终成为历史和时代的成品。于是，他也就像历史和时代那样复杂，那样诡谲，那样充满悖论。这样一来，他作为父、祖辈道德观念的“人质”，作为封建祭坛上的牺牲，彻底地告别了自由，付出了自我，失去了自身固有的活力，再也无法摆脱悲剧性的人生命运。

二

这种无形的炼狱，是由他自己一手铸成的。其中的奥蕴无穷，但一经勘破，却也十分简单：要实现“两个超越”，必须跨越一系列的障碍，面对种种难以克服的矛盾，这就是他进退维谷、跋前疐后、终生抑塞难舒、身后还要饱遭世人訾议的根本原因。

封建王朝一切建立奇功伟业者，都免不了要遭遇忠而见疑、功成身殒的危机。曾国藩自然也不例外，而且由于他的汉员大臣身份，在清朝主子面前，这种危机更像一柄“达摩克利斯之剑”，时时悬在头上。这是无法摆脱的两难选择：如果能够甘于寂寞，终老林泉，倒可以避开一切风险，像庄子说的，山木“以不材得终其天年”，这一点是他所不取的——圣人早就教诲了：“君子疾没世而名不称焉”；而要立功名世，就会遭谗受忌，就要日夕思考如何保身、保位。明乎此，就不难理解曾国藩何以怀有那么强烈的危机感，几乎惶惶不可终日。他对于盈虚、祸福的哲理，功高震主、树大招风的历史教训，实在是太熟悉、太留意了，因而时时处处都在防备颠危之虞、杀身之祸。

他一生的主要功业在镇压太平军方面。但他率兵伊始，初出茅庐就在“靖港之役”中遭遇灭顶的惨败。眼看着积年的心血、升腾的指望毁于一旦，一时百忧交集，痛不欲生，他两番纵身投江，都被左右救起。回到省城之后，又备受官绅、同僚奚落与攻击；愤懑之下，他声称要自杀以谢湘人，并写下了遗嘱，还让人购置了棺材。心中惨苦万状，却又“哑子吃黄连”，有苦不能说，只好“打掉门牙往肚里吞”。正如他所自述的：“余庚戌辛亥间，为京师权贵所唾骂；癸丑甲寅，为长沙所唾骂；乙卯丙辰，为江西所唾骂；以及岳州之败，靖江之败，湖口之败；盖打脱牙之时多矣，无一次不和血吞之。”

那么获取胜利之后又怎样呢？兵克金陵，是曾氏梦寐以求的胜业，也是他一生成就的辉煌顶点。一时间，声望、权位如日中天，达于极盛。按说，这时候应该一释愁怀，快然于心了。可是他反而“郁郁不自得，愁肠九回”，城破之日，竟然终夜无眠。原来，他在花团锦簇的后面看到了重重的陷阱、不测的深渊。同是一种苦痛，却有不同层次：过去求胜而不得，自是困心恒虑，但那种焦苦之情常常消融于不断的追求之中，里面还透露着希望的曙光；而现在，历经千难万险终于实现胜利目标之后，却发现等待自己的竟是一场灾祸，而并非预期的福祉，这实在是最可悲，也最令人伤心绝望的。

情况已经非常清楚了，尽管他竭忠尽智，立下了汗马功劳，但因用兵过久，兵权太重，地盘忒大，朝廷从长远利益考虑，不能不视之为致命威胁。过去所以委之以重任，乃因东南半壁江山危如累卵，对付太平军非他莫属。而今，太平军已经灰飞烟灭，代之而起的、随时都能问鼎京师的，是以湘军为核心的精强剽悍的汉族地主力量。在历史老人的拨弄下，他成为清廷的心腹大患。

其实，早在天京陷落之前，清廷即已从中央与地方、集权与分权的总体战略出发，采取多种防范措施，一面调兵遣将，把守关津，防止湘军异动；一面蓄意扶植淮军，从内部分化，限制其势力的膨胀。破城后，清廷立即密令亲信以查阅旗营为名，探察湘军动静。当日咸丰帝曾有“克复金陵者王”的遗命，可是庆功之日，曾氏兄弟仅分别获封一等侯、伯。尤其使他心寒的是，湘军入城伊始，即有许多官员弹劾其纪律废弛、虏获无数、残民以逞。清廷下诏，令其从速呈报历年军费开支账目。打了十几年仗，军饷一毫不拨，七拼八凑，勉强维持到今日；现在征袍上血渍未干，却拉下脸子来查账，实无异于颁下十二道金牌。闻讯后，曾国藩忧愤填膺，痛心如捣。“狡兔死，走狗烹；飞鸟尽，良弓藏；敌国破，谋臣亡”的血腥史影立刻在眼前浮现。此时的心迹，他已披露在日记中：“古之得虚名而值时艰者，往往不克保其终。思此不胜大惧。”

对于清廷的转眼无恩，“卸磨杀驴”，湘军众将领早已料得一清二楚，彷徨、困惑中，不免萌生“拥立”之念。据说，曾氏至为倚重的中兴名将胡林翼，几年前就曾专函探试：“东南半壁无主，我公其有意乎？”曾国藩看后惶恐骇汗，悄悄地撕个粉碎。湘军集团第二号人物左宗棠也曾撰写一联，故意向他请教：“神所凭依，将在德矣；鼎之轻重，似可问焉”。曾阅后，将下联的“似”改为“未”，原封送还。曾的幕僚王门运在一次闲谈中向他表明了“取彼虏而代之”的意思，他竟吓得不敢开腔，只是手蘸茶汁，在几案上有所点画。曾起立更衣，王偷着看了一眼，乃是一连串的“妄”字。

其实，曾国藩对他的主子也未必就那么死心塌地，只是审时度势，不敢贸然孤掷，以免断了那条得天地正气、做今古完人的圣路。于是，为了保全功名，免遭疑忌，继续取得清廷的信任，他毅然采取“断臂全身”的策略，在打败太平军之后，主动奏请将自己一手创办并赖以起家的湘军裁撤过半，并劝说其弟国荃奏请朝廷因病开缺，回籍调养，以避开因功遭忌的锋芒。他说：“然处大位大权而兼享大名，自古会有几人能善其末路者？总须设法将权位二字推让少许，减去几成，则晚节渐渐可以收场耳。”这两项举措，正是清廷亟欲施行却又碍口的，见他主动提出，当即予以批准。还赏赐曾国荃六两人参，却无一言以相慰，使曾氏兄弟伤心至极。

三

曾国藩的人生追求是“内圣外王”，既建非凡的功业，又做天地间之完人，从内外两界实现全面的超越。那么他的痛苦也就同样来源于内外两界：一方面是朝廷上下的威胁，用他自己的话说：“处兹乱世，凡高位、大名、重权三者皆在忧危之中”，因而“畏祸之心刻刻不忘”；一方面是内在的心理压力，为树立高大而完美的形象，时时处处如临深渊、如履薄冰般惕惧。

去世前两年，他曾自撰一副对联：“战战兢兢，即生时不忘地狱；坦坦荡荡，虽逆境亦畅天怀。”上联揭示内心的衷曲，还算写实；下联则仅仅是一种愿望而已，哪里有什么“坦坦荡荡”？恰恰相反，倒是“凄凄、惨惨、戚戚”，庶几近之。他完全明白，居官愈久，其缺点必暴露得愈充分，把柄必越积越多。而且人都是有七情六欲的，种种视、听、言、动，未必都合乎圣训、中规中矩。在这么多的“心中的魔鬼”面前，他还能活得真实而自在吗？

他对自己的一切翰墨都看得很重，不要说函札之类，即使每天的日记也绝不马虎。他知道，日记即内心的独白，有揭示灵魂、敞开自我的作用，殁后，必然为亲友、僚属所知闻，甚至会广泛流布于世间，因此下笔至为审慎，举凡对朝廷的看法，对他人的评骘，绝少涉及，为的是不招惹麻烦，有辱清名。日记里面倒是记载了一些过苛过细的自责。比如，他与人谈话时表示了太多的意见，或者看人下棋时从旁指点了几招，他都自责，在日记里骂自己“好表现，简直不是人”。甚至与太太开开玩笑，过后也要自讼“房闱不敬”，觉得和自己的身份不合，有失体统。

他在日记里写道：“近年焦虑过多，无一日游于坦荡之天，总由于名心太切，俗见太重二端”，“今欲去此二病，须在一‘淡’字上著意”，“凡人我之际，须看得平；功名之际，须看得淡”。脉把得很准，治疗方法也是对症的，应该承认，他的头脑非常清醒。只是，坐而言不能起而行，无异于放了一阵空枪，最后依旧找不到自我。他最欣赏苏东坡的一首诗：“治生不求富，读书不求官。譬如饮不醉，陶然有余欢。”可是，止于欣赏而已。假如真的照着苏东坡说的做，真的能在一个“淡”字上着意，那也就没有后来的曾国藩了，也再无苦恼可言了。由于他整天忧惧不已，导致长期失眠。一位友人深知他的病根所在，为他开了一个药方，他打开一看，竟是十二个字：“歧黄可医身病，黄老可医心病。”他一笑置之。他何尝不懂得黄老之学可疗心疾，可是，在那“三不朽”的人生目标的驱策下，他又要建不世之功，又要做万世师表，怎么可能淡泊无为呢？

世间的苦是多种多样的。曾国藩的苦，有别于古代诗人为了“一语惊人”，苦心孤诣、搜肠刮肚之苦。比如唐朝李贺的母亲曾说：“是儿要呕出心乃已耳！”但这种苦吟中常常含蕴着无穷的乐趣。曾国藩的苦，和那些终日持斋受戒、面壁枯坐的“苦行僧”的苦也不同。“苦行僧”的虔诚发自一种信仰，由于确信来生幸福的光芒照着前路，因而苦亦不觉其苦，反而甘之如饴。而“中堂大人”则不然，他的灵魂是破碎的，心理是矛盾的，他的忍辱包羞、屈心抑志，俯首甘为荒淫君主、阴险太后的忠顺奴才，并非源于什么衷心的信仰，也不寄希望于来生，而是为了实现现实人生中的一种欲望。这是一种人性的扭曲，绝无丝毫乐趣可言。从一定意义来说，他的这种痛深创钜的苦难经验，倒与旧时的贞妇守节有些相似。贞妇为了挣得一座旌表节烈的牌坊，甘心忍受人间最沉重的痛苦；曾国藩同样为那块意念中的“功德碑”而万苦不辞。

他节欲，戒烟，制怒，限制饮食，起居有常，保真养气，日食青菜若干、行数千步，夜晚不出房门，防止精神耗损，可说是最为重视养生的。但是他却疾病缠身，体质日见衰弱，终致心力交瘁，中风不语，勉强活了六十二岁。死，对于他来说，其实倒是一种彻底的解脱。什么“超越”，什么“不朽”，统统由它去吧！当然，那种无边的痛苦，并没有随着他的溘然长逝而尽，而是通过那些家训呀，书札呀，文集呀，言行录呀，转到了亲属、后人身上，这是一种名副其实的痛苦的传承。

前几年看到一本“语录体”的书，从曾国藩的诗文、家书、函札、日记中摘录出治生、用世、立身、修业等内容，名之曰“人生苦语”。一个“苦”字将曾公的全部行藏、心迹活灵活现地概括出来，堪称点睛之笔。

四

曾国藩以匡时济世为人生的旨归，以修身进德为立身之本，有着积极进取的人生态度，这无疑是承传了孔孟之道的衣钵，但他同时也有意识地吸收了老庄哲学的营养。他兼收儒、道两种不同的传统智慧，因而能够站在更高的层次，可以说他是中国历史上兼收孔老、杂糅儒道最为纯熟、最见功力的。

由于他机敏过人，巧于应付，仕途基本顺遂，加之立功求名之心极为热切，简直就是一个有进无退的“过河卒子”，因而未曾真正地退藏过。但是出于明哲保身和韬光养晦的策略上的需要，他还是把“盛时常作衰时想，上场当念下场时”奉为终身的座右铭，把黄老之学看作一个精神的逋逃薮，一种适生价值与自卫方式，准备随时蜷缩到这个乌龟壳里，一面咀嚼着那些“高下相生，死生相因”的哲理，以求得心灵上的抚慰，一面从“尺蠖之屈，以求伸也”的权谋中，把握再生的策略。

同是道家，在他的眼里，老子与庄周的分量并不一样。他奉为效法榜样的三十二位古代圣哲中有庄周而无老子，其实这是一种“兴发于此而义归于彼”的障眼法。庄周力主发现自我，强调独立的人格，不仅无求于世，还要遗身于世虑江山之外，不为世人所求。这一套浮云富贵，粪土王侯，旷达恣肆，彻悟人生的观点，与曾国藩的目标无异于南辕北辙。而作为权谋家、策略家、彻底的功利主义者的老子，更贴近他的需要，符合他的胃口——儒家是很推崇知进退、识时务，见机而作的，孟子说过：“孔子，圣之时者也。”

曾国藩平生笃信《淮南子》“功可强成，名可强立”的说法。“强”者，勉强磨炼之谓也，就是在猎取功名上要下一番“知其不可而为之”的强勉功夫。但曾国藩有别于那种蛮干、硬拼的武勇之徒。他的胞弟曾国荃刚愎自用，好勇斗狠，有时不免意气用事。

曾国藩怕他因倨傲招来祸患，总是费尽唇舌，劝他要“慎修以远罪”。听说其弟要弹劾一位大臣，曾国藩当即力加劝止，他说：“这种官司即使侥幸获胜，众人也会对你虎视眈眈，侧目相看，遭贬的人也许无力报复，但其他人一定会蜂拥而起，寻隙启衅。须知，楼高易倒，树高易折，我们兄弟时时处身险境，不能不考虑后果。”他告诫其弟：“从此以后，只从波平浪静处安身，莫向掀天揭地处着想。”这并不是萎靡不振，而是因为位高名重，不如此就处处都是危途。

清代道、咸以降，世风柔靡、泄沓，盛行一种政治相对主义和圆融、混沌的处世方式。最典型的是道光朝的曹振镛，晚年恩遇日隆，身名俱泰，门人向他请教，答曰：“无他，但多磕头少说话耳。”有人赋《一剪梅》词来描画这种时弊：“仕途钻刺要精工，京信常通，炭敬常丰。莫谈时事逞英雄，一味圆融，一味谦恭……”曾国藩由于深受儒学濡染，志在立功扬名，垂范万世，肩负着深重的责任感，尽管老于世故，明于趋避，却同这类“琉璃蛋”“官混子”判然有别。

五

对于阅世极深的曾国藩来说，不会看不出封建官僚政治下的人生不过是一场闹剧，原是无须那么较真的。他自己也说过，大凡人中君子，率常终身黯然退藏。难道他们有什么特异的天性？不过是他们真正看到了宏观现实，领悟了一般人所追逐的不值得计较。自古以来，达官贵人何可胜数？当其高踞权要之时，简直不可一世；等到他们死去以后，跟那些“营营而生，草草而死”的厮役贱卒原没有什么区别。那么那些处高位而猎取浮名者，竟然泰然自若地以高明自居，不晓得自己和那些贱夫杂役一样都要归于汩没，到头来并没有什么差异——这不值得悲哀吗？

我们发现，曾国藩身上存在一种异常，即“分裂性格”。比如，他上面那番话说得多么动听，可是，行动却恰恰相反，言论和行动形成了巨大的反差。加之他以不同凡俗的“超人”自命，事事求全责备，处处追求圆满，要“毫发无遗憾”，结果自是加倍苦累，而且必然产生矫情与伪饰，以致不时露出破绽，被人识破其伪君子、假道学的真面目。明人有言：“名心盛者必作伪。”清廷对此早有察觉，曾降谕直白地加以指斥：“过于好名所致，甚至饰辞巧辩。好名之过尚小，违旨之罪甚大”。至于曾国藩身旁的人，就更是洞若观火了。幕僚王门运在《湘军志》一书中对曾氏多有微词，主要是觉得他做人太坚忍、太矫情。与曾氏有“道义之交”的今文经学家邵懿辰则毫不客气，当面责之以虚伪，说他“对人能作几副面孔”。左宗棠更是专用一个“伪”字来戳穿他的画皮，逢人便说：“曾国藩一切都是虚伪的。”

作为一位正统的理学家，曾国藩的“高明”之处在于接受程朱理学巧伪、矫饰的同时，却能不为其迂腐与空疏所拘缚，表现出足够的成熟与圆融。也许正是因为这样，在他身上，透过礼教的层层甲胄，散发着一种浓重的表演意识。人们往往难以分辨他究竟是在正常地生活还是逢场作戏，究竟是出自真心去做还是虚应故事。时日既久，他也自我认同于这种面具，以致忘记了人生毕竟不是舞台，卸妆之后还须进入真实的生活。

他尝以轻世离俗自许，实际上根本不是那么回事。轻世离俗，说明已经彻悟人生，必然生发出一种对人世的大悲悯，就会表现得最仁慈、最宽容，也会最轻松、最自在。而曾国藩何尝有一日的轻松自在，有一毫的宽容、悲悯呢？他那坚忍、强勉的秉性，期在必成、老而弥笃的强烈欲求，已经冻结了、硬化了全部的爱心，剩下的只有漠然的冷酷与残忍，而且还要挂出神圣的幌子。他办团练时，以利国安民为号召，主张“捕人要多，杀人要快”，“不必拘守常例”。每逢团绅捉来“人犯”，总是不问情由，立即处死。一次，曾国藩路过一村，遇卖桃人与买者争吵，卖者说没有付款，买者说已经付了。经过拘讯，证明是卖者撒谎，他当即下令将其斩杀。一时街市大哗，民众惊呼：“钦差杀人了！”因而得名“曾屠户”（事见《梵天庐丛录》）。

曾国藩曾亲自为湘军撰写了一首《爱民歌》，让官兵们传唱：“三军个个仔细听，行军先要爱百姓。贼匪害了百姓们，全靠官兵来救人……在家皆是做良民，出来当兵也是人，官兵贼匪本不同，官兵是人贼是禽。官兵不抢贼匪抢，官兵不淫贼匪淫。若是官兵也淫抢，便同贼匪一条心。”实际执行情况又怎样呢？曾氏幕僚赵烈文记下了攻破天京后的亲眼所见：“城破之日，全军掠夺，无一人顾大局”；“又见中军各勇留营者皆去搜刮，甚至各棚厮役皆去，担负相属于道”。湘军逢男人便杀，见妇女便掳，“其老弱本地人民不能挑担，又无窖可挖者，尽情杀死，沿街死尸十之九皆老者，其幼孩未满二三岁者亦砍戳以为戏”。“哀号之声达于四远”，“尸骸遍地”，“臭气四塞”。对照这般记述，再回过头读那冠冕堂皇的《爱民歌》，岂不是尖锐的讽刺！

一位朋友来告诉我，他外祖父传下来一幅曾国藩的照片，看一看也许有助于了解其人，因为相貌总是精神的一种外现，即使不是全部，也能部分地反映内在性格。我赶忙跟去他家，拿过照片细细地端详：宽敞的前额上横着几道很深的皱纹；脸庞是瘦长的，尖下颏，高颧骨；粗粗的扫帚眉下长着长挑的三角眼，双眸里闪射出两道阴冷、凌厉的毫光；浓密的胡须间隐现着一张轻易不会嘻开的薄唇阔口，有一种心事重重、高深莫测的感觉。留给我的印象很深。

是的，我心目中的曾国藩就是这样。

他这一辈子

一

这里要说的是大名鼎鼎的李鸿章。

李鸿章的出现不是偶然的。他是腐朽没落、外强中干、色厉内荏的晚清的社会时代产物，是中国官僚体制下的一个集大成者，是清代官场的一个标本。

首先，李鸿章是个“不倒翁”。一生中，他始终处于各种矛盾的中心，经常在夹缝里讨生活。上面坐着阴险的老太后、怯懦的小皇帝，身旁围绕着数不清的王爷、太监、宰辅、权臣，一个个钩心斗角，狗扯羊皮，像乌眼鸡似的。而李鸿章居然能够斡旋其间，纵横肆应，游刃有余，如他自己所说“少年科第，壮年戎马，中年封疆，晚年洋务，一路扶摇”。在他当政的几十年间，朝廷的每一件大事都和他挂连着。咱们不妨掰着指头算一算，晚清时期那几个丧权辱国的条约，哪一个不是经他手签订的！他真的成了“签约专业户”。这样难免遭来连番的痛骂。可是，骂归骂，他却照样官运亨通，而且越做越大。单就这一点来说，当时的满朝文武，从他的老师曾国藩算起，包括光绪皇帝的教师爷翁同龢，号称“变色龙”的张之洞，还有后来的阴谋家袁世凯，大概没有谁能比得过他。

这当然得力于李鸿章宦术高明，手腕圆活。他有一套善于腾挪、招架的过硬本领，是一个出色的“太极拳师”。

李鸿章还有一种形象，就是“撞钟的和尚”。“我能活几年？当一日和尚撞一日钟，钟不鸣了，和尚亦死了。”这是他的夫子自道。当时掣肘、下绊者极多，他处境十分艰难，话里夹带着哀怨，透露出几分牢骚。那时候，社会上流行着两首《一剪梅》词：

仕途钻刺要精工，京信常通，炭敬常丰。
莫谈时事逞英雄，一味圆通，一味谦恭。
大臣经济要从容，莫显奇功，莫说精忠。
万般人事要从容，议也毋庸，驳也毋庸。

八方无事岁年丰，国运方隆，官运方通。
大家赞襄要和衷，好也弥缝，歹也弥缝。
无灾无难到三公，妻受荣封，子荫郎中。
流芳百世更无穷，不谥文忠，便谥文恭。

这形象地概括了晚清官场中的流弊。不过，李鸿章的勤政是出了名的，他既做官又做事，不是那种“多磕头少说话”、敷衍塞责、坐啸画诺的混混儿。七十四岁那年，他还奉旨出访俄国，尔后水陆兼程，遍游欧美，历时二百天，奔波九万里。对于大清王朝，他称得上鞠躬尽瘁、死而后已。

当然，最具哲学意味的还是“裱糊匠”的形象。李鸿章曾把清王朝比作一间破纸屋，自己是个裱糊匠，不过东补西贴、敷衍一时，支吾对付而已。正所谓：屋不成屋还是屋，糊无可糊偏要糊。他所扮演的正是这种角色。

他这一辈子，虽然没有大起大落，却是大红大绿伴随着大青大紫：一方面活得有头有脸，风光无限，生荣死哀，名闻四海；另一方面，又受够了苦，遭足了罪，活得憋憋屈屈，窝窝囊囊，像一个饱遭老拳的伤号，浑身青一块紫一块。北宋那个“奉旨填词”的柳三变，是“忍把浮名，换得浅斟低唱”；“李二先生”倒是：忍把功名，换得骂名远扬。

二

李鸿章所处的时代——如他自己所说——为“三千年未有之变局”。

李鸿章出生于道光继统的第三个年头（1823 年）。鸦片战争那一年，他中了秀才；从此，中国的国门被英国人的舰炮轰开，天朝大国的神话开始破灭。封建王朝的末世大体相似，但晚清又有其独特性。其他王朝所遇到的威胁，或来自边疆，或遭遇民变，或祸起萧墙；而晚清七十年间，海外列强饿虎扑食一般蜂拥而上。外边面临着瓜分惨剧，内囊里又溃烂得一塌糊涂，女主昏庸残暴，文恬武嬉，官场腐败达于极点。在这种情势下，李鸿章的“裱糊匠”角色，可以说是命定的。

当然，这并非李鸿章的初衷。由于深受儒学熏陶，他从小就立下了宏誓大愿。二十岁时，他写过十首《入都》诗，里面满是“丈夫只手把吴钩，意气高于百尺楼”“出山志在登鳌顶，何日身才入凤池”“倘无驷马高车日，誓不重回故里车”之类的句子。果然，第二年他就中了举人，三年后又中进士，入翰林。李鸿章在参加殿试时，借着“孟子曰：予岂好辩哉？予不得已也”的考题大肆发挥：“今夫举世波靡之会，必有人起而任之，使皆以缄默鸣高，则挽回气运之大权其将谁属也？”坦然以力挽狂澜、只手擎天自任，大有一种“舍我其谁”的骄人气概。

李鸿章在他七十八年的生命中，以1862年经曾国藩举荐出任地方都抚为中线，前后恰好都是三十九年。他历任江苏巡抚、两江总督、湖广总督、直隶总督兼北洋通商大臣、两广总督及武英殿大学士、文华殿大学士，1901年因病死在任上。他是晚清政坛上活动时间最长、任事最多、影响最大的核心人物。

热心仕进，渴望功名，原是旧时代大多数中国知识分子的共同追求，但像李鸿章那样执着，那样迷恋的，却古今少见。一般人“达则兼善天下，穷则独善其身”，李鸿章则不分顺境逆境，不问成败利钝，总是有进无退。他把功名利禄看作命根子，入仕之后一天也没有离开过官场，真是生命不息，做官不止。他是一个道道地地的“官迷”。俞樾和李鸿章都是曾国藩的弟子，曾国藩说他们两个一个拼命著书，一个拼命做官。以高度的自觉、狂热的劲头、强烈的欲望追逐功名，是李鸿章的典型特征。

李鸿章一生功业甚多，但让他蜚声中外，以至成为“世界级”名人的，主要在洋务、外交方面。在慈禧太后和洋人的心目中，李鸿章与清廷的外交事务是一而二、二而一的。每当大清国外事方面遇到了麻烦，老太后总是“着李鸿章为特命全权大臣”。于是，这个年迈的衰翁便披挂上阵，出来收拾残局，做一些“人情所最难堪”之事。在他生命的最后十五年，竟连续签订了《中法新约》《马关条约》《中俄密约》《辛丑条约》四个屈辱条约。

俗话说“伴君如伴虎”，可以想见，李鸿章在西太后身边，日子是不好过的。相传，德国铁血宰相俾斯麦与李鸿章交谈时，曾暗喻他只会打内战；他听了喟然长叹道：“与妇人孺子共事，亦不得已也。”老李当然无法与老俾相比。威廉一世和老俾君臣合契，是一对理想的搭档。书载，威廉皇帝回到后宫，经常愤怒地摔砸器皿。皇后知道这是因为受了老俾的气，便问：“你为什么这么宠着他？”皇帝说：“他是首相，下面许多人的气他都要受，受了气往哪儿出？只好往我身上出啊！我又往哪儿出呢？就只有摔茶杯了。”老李受的气绝不会比老俾少，但他敢找“老佛爷”出气吗？

李鸿章在甲午战争中声名尤为狼藉，民怨沸腾之下，清廷不得不给他“褫去黄马褂”的处分。一天，江苏昆曲名丑杨三演出《白蛇传》，在演到“水斗”一场时，故意把台词做些改动，说：“娘娘有旨，攻打金山寺，如有退缩，定将黄马褂剥去。”观众心领神会，哄堂大笑。李鸿章的鹰犬也都在场，恨得牙痒痒却又不便当众发作，但事后到底把杨三弄得求生无路，惨痛而死。悲愤中，有人撰联嘲骂：

杨三已死无苏丑；
李二先生是汉奸。

李鸿章的长兄不忍心看着弟弟遭罪受辱，劝他早日离开官场，一起告老退休，李鸿章却坚决不肯。中日《马关条约》签订之后，“杀李以谢天下”的呼声遍于朝野。而李鸿章则“晏如也”，毫无退避之念，“笑骂由人笑骂，好官我自为之”。他故作镇定，撰联悬于书斋：

受尽天下百官气；
养就胸中一段春。

这也是跟他的老师学的——曾国藩当年也曾写过类似的联语：

挺起两根穷骨头；
养就一段春意思。

他们所奉行的都是一种“挺经”。

你若说李鸿章全然不在乎，倒也未必。有时候，处境过于艰难，他也会头脑暂时冷静一些，显出一种平常心。比如，他接到已经退出官场的湘军名将彭玉麟的函件，得知这位故人徜徉于湖光山色之中，逍遥在世虑尘氛之外，不禁涌起艳羡的情怀。自思整日在尘网中劳劳碌碌，既无法补救时局，又不敢卸下担子，不知何时才能大梦一觉、抽身退步。

这自是真情流露，实际上却根本做不到。对于李鸿章来说，官场的荣华富贵毕竟要比湖山的清虚冷落更具诱惑力。

彭玉麟辞官不就，视富贵如浮云，是出了名的。他曾三辞安徽巡抚，三辞漕运总督，一辞兵部右侍郎，一辞两江总督并南洋通商大臣，两辞兵部尚书。每次辞官，彭玉麟都情真意切，绝非借此沽名钓誉。他能在功名场中陡然收住脚步，英雄回首即神仙；这种境界，同李鸿章相距何止十万八千里！

三

李鸿章的飞黄腾达，得益于曾国藩者甚多，他们之间的师承关系比较明显。两人都具有深厚的儒学功底，恪守着封建社会的政治原则，都为维护清王朝的统治而竭忠尽智；但二人的气质、取向不尽相同，因而为官之道也存在差异。

曾国藩看重伦理道德，期望超凡入圣；而李鸿章却着眼于实用，不想做那种“中看不中吃”的佛前点心。他公开说：人以利聚，“非名利，无以鼓舞俊杰”；“天下熙熙攘攘，皆为利耳。我无利于人，谁肯助我？”当然，曾国藩说的那一套也并非都要实行，有些是说给别人听的；而李鸿章却连说也不说。对于一些于义有亏的事，曾国藩往往做而不说，而李鸿章却又做又说。他们的差别就在于，一个是伪君子，一个是真小人。李鸿章声明，他“平生不惯作伪人”。这与城府极深、诚伪兼施的乃师相比，显得坦白一些。我想起了一个故事：袁世凯看京戏《捉放曹》，听到“宁教我负天下人，毋教天下人负我”时，说可惜曹操当时没有把陈宫也干掉，否则这句有损于曹操形象的恶言就不会传出了。记得讲故事的人紧接着又补充一句：“其实，老袁也是没有心计，既有此意，何必说出？”李鸿章对于袁世凯是很欣赏的，临终前还曾荐袁以自代。

在政治上，曾国藩患有一种“恐高症”，他一向主张知足知止，急流勇退。每当立下大功，取得高位，总是如临深渊，惕惧不已。咸丰末年，曾国藩被任命为钦差大臣、两江总督，江、浙、皖、赣四省军务及巡抚、提督以下各官均归其节制。这一高官显位，不知使多少人艳羡、垂涎，但曾国藩并不开心，他说：“权位太尊，虚望太隆，可悚可畏！”在家书中，曾国藩特意告诫子弟：“处大位大权而兼享大名，自古曾有几人能善其末路者？”为此，必须持有三种心态：一是不参与，好像事情与己无涉；二是不善终，高位都是险地，居高履危能够善终的很少；三是不胜任，好像在朽烂的跳板上驾驭着六马奔车，随时都有坠入万丈深渊的危险，所以战战兢兢，唯恐不能胜任。曾国藩的韬晦之计，后来发展成为功成身退、避祸全躯的行动。他多次奏请开缺回籍，归老林泉。

对于老师晚年一再消极求退的做法，李鸿章颇不以为然，视

史影千般堪妙赏
行藏百态证人生
潮奔浪涌真情在
甘苦灯前漫点评

壬寅正月

王克闻题

为无益之请，自己仍不改对事业经济的热衷。

一冷一热，一退一进，这和他们所处的不同境遇有直接关系。曾氏当政时，清王朝所面临的威胁主要来自农民起义，他所时刻警戒的，在功高震主、拥兵自重方面。“打下一个洪秀全，上来一个曾国藩。”这是他最怕听到的一句话。阴险毒辣的西太后，承袭了祖上康熙皇帝的惯用手段，善于利用大臣间的矛盾以制衡，她一面重用曾国藩，一面又扶植左宗棠、沈葆桢，扩充李鸿章的淮军。这就是说，你曾国藩已经剪除了太平军，我的心腹之患消除了，在你身后，左、李、沈都壮大起来，不怕你曾氏兄弟兴妖、起屁、尥蹶子。

李鸿章当政之后情况就不同了。曾国藩已死；左宗棠虽在，正远征西北；恭亲王已被免除了议政王之职，芥蒂既生，宠信自不如前。至于翁同龢等帝党头目和“清流派”的张之洞、李鸿藻等，或老朽顽庸，或徒逞空谈，难抵实用。面临列强鲸吞之势，与之斡旋、谈判，折冲樽俎，非李鸿章莫属。此之谓“形势比人强”也。

在封建社会，任何时期都得有替君王承担失误责任、代杖受罚的大臣。晚清时期李鸿章就充当了这种角色。李鸿章像避雷针那样，把兵败求和、割地赔款、签订丧权辱国条约所激起的强大的公愤“电流”，统统吸引到自己身上，从而缓和了人们对朝廷的不满，维护了“老佛爷”的圣明形象。试想，这样的角色能倒下吗？

李鸿章不像曾国藩那么古板，不像左宗棠那么刚愎自用，也不像张之洞那么浮华、惜名，他纵横捭阖，巧于趋避，有一套讨好、应付“老佛爷”的招，因而能够一路胜出。

一次，朝廷要李鸿章查办四川总督吴棠贪墨索贿的案件。他敷衍了几个月，最后上了一道奏折，说吴棠一贯忠厚廉谨，官声尚好，所参各项查无实据，而且在籍士绅都赞颂他善政利民。结果吴棠安然过关，而原参者却受到申斥。实际上，所参各项完全属实，只是吴棠曾有恩于慈禧，李鸿章便做了这种违心灭良的处置。原来，吴棠任清河县令时，一个老朋友的灵柩路过，吴知县派人送去三百两银子作为赙礼。不料，当时河里并排停着两艘大船，仆役把银子错送给邻船了。吴棠盛怒之下处分了仆役，正待上船索还，一个幕僚从旁解劝：“邻船上是入京参选秀女，万一日后成了贵人，还能够借力呢！”吴棠听了甚以为是，便换成一副笑脸，登船问候母女三人。那位母亲慨然说：“如今世态炎凉，我们孤儿寡母一路上受尽了冷落，唯独吴老爷古道热肠，真是难得，我们母女誓不能忘。”那两个女儿，你道是谁？一个是后来的慈禧，另一个做了醇亲王的福晋。“只因一回错，便为人上人。”从此，吴棠平步青云，一路飙升。

大清的国运如何，“老佛爷”可以不在乎；唯独“垂帘听政”的大权必须把在手里，死也不能丢。李鸿章深知这一点，所以不管签订什么和约，总要坚持一条底线：割地赔款的条件再苛刻也没关系，只要能够维护“老佛爷”的干政地位，就一切都好说。庚子之役，八国联军进北京，“老佛爷”仓皇逃窜。她最怕的，就是议和时追究祸首追到她的头上。她事先就交代李鸿章：和议中如有“万难应允”之事，“先为驳去，是为至要”。对此，李鸿章心领神会。果真，联军代表瓦德西暗示要追究祸首，他立刻封了门，表示：什么都好说，唯独这个事由不能谈。结果，议和条件苛刻无比。慈禧见里面并未涉及她，便放下心来；至于花些银子嘛，她一辈子已经大手大脚惯了，谁花不是花呢？反正不用掏她的腰包，着李鸿章去张罗就是了。不过，这回“李二先生”却破例撂了挑子，天可怜他，没等“老佛爷”銮驾归来，他就提前“翘辫子”了。

为追念这个“裱糊匠”“避雷针”的勋劳，清廷特旨封谥文忠公，追赠太傅，晋升一等侯爵，入祀贤良祠，赐予有清三百年以来汉员大臣生荣死哀的最高恩典。

四

李鸿章死后，有人给他编了个“五子登科”的俏皮话，叫作：

巴结主子，

搞小圈子，

耍手腕子，

吓破胆子，

死要面子。

说他死心塌地做奴才，使尽浑身解数，讨取主子欢心；为结党自固，织成一个密密实实的关系网；在官场中耍尽权术，机关算尽；被洋人吓破了胆子，一意屈从，奴颜婢膝；日常生活中，死要面子，端足架子，俨然不可一世。这不仅总结了李鸿章屈辱一生的奴性本色，也为晚清官僚阶层绘制了一幅典型的画像，这在《官场现形记》和《二十年目睹之怪现状》中都有淋漓尽致的揭露。

李鸿章巴结主子，趋奉慈禧的高超手法，具如前述。他织关系网、搞小圈子的本事，亦非常人所能及。拉帮结派，任人唯亲，原本是旧时代官场的通病，晚清办团练和私人幕府制度又为这种结党营私提供了合法而方便的条件。如同曾国藩的湘军、幕府是曾氏的大本营一样，李鸿章的淮军和幕府也是他搞小圈子、拉帮结派的直接依托。梁启超在《李鸿章传》中对李鸿章任人唯亲，徇情舞弊，做了淋漓尽致的揭露：那些同乡、同事、袍泽、部下，“昔共患难，今共功名，徇其私情，转相汲引，布满要津，委以重任”，出了事还要多方回护，包庇过关，从而结成了一个严密的关系网。

李鸿章生来就是做官的材料，在弄权术、耍手腕方面，具有绝顶的聪明、超常的智慧；又兼平生宦途险恶，境遇复杂，人事纠葛纷繁，使他增长了阅历。因而其宦术之圆熟、精湛，可谓炉火纯青，集三千年中国仕宦“圆机活法”之大成。难怪他敢夸口：这世上唯有做官最容易，一个人若是连官都不会做，那就太低能了。

醇亲王奕譞仗着是慈禧太后的妹夫、光绪皇帝的生父，一贯作威作福，眼里放不下人。现在又取代了恭亲王，总理北洋事务，成了李鸿章的顶头上司。奕譞一上来，马上就找办洋务的李鸿章，要他拿出一笔经费，支持修建颐和园。理由是堂皇正大的：“整修昆明湖，兴办海军学堂，这可是关系国家兴亡的头等大事呀！”李鸿章不慌不忙地应对道：“亲王大人，您赤诚为国，苦心孤诣，实在令我由衷景仰，一定竭尽全力照办。”接着，立刻把难题还给了对方：“王爷，我正好有事要向您禀报：增加海军军饷，现在找借无门；四艘军舰即将从欧洲驶回，本国人经验不足，须雇请外国员弁管理；还要出钱备置燃料，日常费用也须一体安排——这些款项，恳请亲王鼎力支持！”醇亲王一听脑袋就大了。这个只知酒色征逐的“阔大爷”哪里懂得筹措资金！可嘴里又不便说出，只好支支吾吾，掉头而去。你看，这出大耍手腕的“官僚斗法”把戏，玩得多么精彩呀！

李鸿章对内应付裕如，可是在外国人面前却少了办法。长期以来，慑于列强的强大威势，李鸿章觉得处处赶不上人家，滋生出一种百不如人的自卑心理。当时，晚清朝廷中存在着两个认识上的极端：不了解西方实际的人，往往盲目地妄自尊大，完全无视列强环伺的险情；而对外部世界有较多了解的人，对照本国腐朽、庸懦的现状，又常常夸大敌我力量差距，觉得事事皆无可为，从而一味主张避战求和，患上了致命的软骨症。李鸿章是后者的代表。

李鸿章还有挟洋以自重的打算。他深知慈禧太后被列强吓破了胆，人家咳嗽一声，在她听来如同五雷轰顶一般。而李鸿章在洋人眼中是有身份、有地位的。有这些外国主子在后面撑腰，李鸿章就不怕“老太婆”施威发狠了。

李鸿章一方面吓破了胆子，一方面又死要面子，端足架子。看似相互矛盾，实则是一方镜子的两面。凡是自卑者，都最怕别人瞧不起，因此就得端足架子，维持面子。鲁迅先生讲到“面子”时有一段话，是这种心态最好的注脚：

相传前清时候，洋人到总理衙门去要求利益，一通威吓，吓得大官们满口答应，但临走时，却被从边门送出去。不给他走正门，就是他没有面子；他既然没有面子，自然就是中国有了面子，也就是占了上风了。

李鸿章出访欧美各国时，可说是出尽了风头，抖足了威风。轮船上高悬着大清国的龙旗和特命头等钦差大臣的旗帜，呼呼啦啦几十人招摇过市。至于李鸿章本人，别看他的官德、口碑很差，却生就一副举止端庄、威仪堂堂的样子。在外国人的笔下，他“长身玉立，具有某种半神、半人，自信、超然、文雅和对于芸芸众生的超越感”。

相传，晚清时节，好事者把讽刺明代伪清高者陈眉公的诗，加以修改，转赠给了中堂大人李鸿章：

装点山林大架子，附庸风雅小名家。
翩然一只云中雁，飞去飞来宰相衙。

装点天朝大架子，附庸狼虎老名家。
一生百事劳心拙，太息孱头宰相衙！

连讥带诮，惟妙惟肖，可谓“谑而且虐”者也。

五

看，李鸿章就是这样一个很真实、很有个性的老头子。他的思想轨迹确实是比较驳杂的。他奉行实用主义哲学，既有儒家“知其不可而为之”的刚性，又混杂着见风转舵，唯利是图的成分；娴熟“水鸟哲学”（表面平静，暗里动作），洞明世事，善于投合、趋避；三分耿直中带着七分狡黠；既忠于职守，又徇私舞弊；讲求务实，却并不特别较真。

李鸿章的为官诀窍，前面已经引述过，即“士人以身许国……皆非得君不可”。何谓“得君”？说穿了就是讨得君王的喜欢，得到君王的信任。而要讨得喜欢，获取信任，首先必须摸准主子的脾气，透彻地掌握其用人标准。在这方面，李鸿章的功夫是很到家的。李鸿章知道，清王朝择臣的准则是：只要你肯死心塌地当奴才，忠心耿耿地为朝廷卖命，就用；为贤为愚，或贪或廉，都无关大体。对于所谓“名儒”与“名臣”，清朝皇帝向来是不感兴趣的。鲁迅先生曾一针见血地指出：

清朝虽然尊崇朱子，但止于“尊崇”，却不许“学样”，因为一学样，就要讲学，于是而有学说，于是而有门徒，于是而有门户，于是而有门户之争，这就足为“太平盛世”之累。况且以这样的“名儒”而做官，便不免以“名臣”自居，“妄自尊大”。乾隆是不承认清朝会有“名臣”的……

道理很简单，历史上的名臣，往往与昏君、庸君相对应，圣明天子之下还能有“名臣”吗？所以，李鸿章从来不以正人君子自命，无意当那种“道德楷模”。对于曾国藩那一套追求高大完美的“心灵的朝圣”，李鸿章之所以不以为然，真谛就在这里。

李鸿章考虑得最多的，不是是非曲直，而是切身利害。他论势不论理，只讲有用，只讲好处，急功近利，不择手段，不看重道德，不讲求原则。梁启超评论他是“有阅历而无血性”，“弥缝偷安……然未尝有立百年大计以遗后人之志”。这是很准确的。他缺乏中国传统知识分子那种为救亡图存而奋不顾身、宁为玉碎的精神。在签订屈辱和约时，他缺乏硬骨头，妥协退让，委曲求全，不能拼死相争，一切以保官固宠为转移。这正是市侩式的实用主义哲学在外交活动中的集中展现。

18 世纪英国著名首相帕麦斯顿有一句名言：“我们没有永久的盟友，没有永久的敌人。我们的利益才是永久不变的。”这是一种极为灵活的对外策略，为后世所普遍奉行，而李鸿章却把它搬过来，作为处置内部事务的一条准则。在这种准则支配下，必然是不问宗旨，不管对错。只要你得势了，或预计能得势，他便会采取审慎的合作态度，明里暗里表示支持；而一旦你丧失了价值，他便会毫不犹豫地弃置不顾。

李鸿章对待戊戌变法和维新派的态度，充分反映了这一点。政变伊始，由于事关重大，而且形势不明，李鸿章经过反复权衡，确定置身事外，不直接参与。为了避嫌，他曾向慈禧表示“废立之事，臣不与闻”，公开申明立场。维新党人张元济不晓得个中微妙，曾恳切地请求他：“现在太后和皇上意见不合，你是国家重臣，应该出来调和调和才是。”他申斥说：“你们小孩子懂得什么？”但是当维新派遭到慈禧镇压，康有为、梁启超被定为“乱臣贼子之尤”时，身为两广总督的李鸿章却暗地里输诚相与，加以保护。因为李鸿章了解到日、美、英诸国支持维新派，推测康、梁日后定会大有作为。如果完全跟着老太后跑，一旦维新派在外国支持下掌了大权，自己将难以立足。因此，他特意委托日本人向逃亡海外的康、梁致意，表示对他们的关心。朝廷指令李鸿章铲平康、梁祖坟以儆奸邪，他则以“香港近有新党欲袭广东，恐过激生变”为由，建议稍缓进行。而在慈禧面前，李鸿章则极力贬斥维新派，说他们不可能有什么作为。李鸿章就这样“脚踩两只船”，运用两面手法保全自己，预留后路。后来，李鸿章观察到变法派已经到了穷途末路，不可能东山再起，而清廷又紧追不放，如果一味拖延，行将危及自身利益；便一反故常，断然严厉打击，不仅迅速铲平了康家的祖坟，还把缉拿康、梁的赏银，由十万两提高到十四万两。可见，李鸿章一切都以保全自己为前提，以对己是否有利为转移。

官场实用主义在李鸿章身上发扬光大，有深刻的根源。

其一，李鸿章是儒学“活学活用”的典范。在他看来，精研儒学并不是为了传道立人、志在圣贤，而是要掌握取悦人主、谋求爵禄的手段。他认为学问不是知识，而是人生体验，所谓“世事洞明皆学问”，他把学识提升到智慧、谋略的层面。

其二，李鸿章圆融、圆通的个性和热衷仕进的政治追求，起到了催化作用。

其三，晚清的社会时代使然。社会越是混乱、无序，人们便越是注重实利，讲求实惠，直到鄙视操守，厌弃理想。

在中国历史上，有三个时代最讲求实用：战国时期，五代十国，晚清。这三个时代分别产生了许多代表性人物。比如战国末期的李斯，通过研究茅厕里的老鼠，悟出了人生必须有所凭借的现实道理。五代时的冯道，“历事五朝长乐老”，靠什么？靠的就是娴熟的宦术。再就是晚清的实用派“李二先生”。一冯一李，两个不倒翁，一对老滑头。

寒夜早行人

一

“愚于近人，独服曾文正。”这里的“近人”有特定范围，既非泛指古人，也并不涵盖时人。时间过去近百年，如果依照这个范围，站在今天的角度选出我所拳拳服膺者，略晚于曾公的张謇堪当胜选。套用前面的句式：“愚于近人，颇服张謇。”

其实，表述一己观点，说“独服张謇”亦无不可。知人论世，评价历史人物，有一个视角问题——亦即看问题的角度。角度不同，结论会随之而异。参天大树与发达的根系，九层之台与奠基的垒土，孰重孰轻，视其着眼于功用抑或着眼于基础而定。而且评判标准往往因时移易。前人有言，品鉴人物不能脱离“一时代之透视线”。“一时代之透视线”变化了，则人物之价值亦会因之而变化。看来，这类主观色彩甚浓的事，还是避免绝对化，留有余地为好。

既然说到曾国藩了，那么我们就来讨论一下：论者当时所“独服”的是什么。叩其主要依据，曾国藩是近代唯一真正探得“大本大源”，达致“超凡入圣”境界的人物；“世之不朽者有办事之人，有传教之人”，曾公乃“办事而兼传教之人也”——也就是立功而兼立德、立言，实质上亦即曾公毕生追求的“内圣外王”的人生境界。

在晚清浊世中，曾公诚然是一位不同凡俗的佼佼者，令人叹服之处多多，仅其知人善任、识拔人才一端，并世当无出其右者。但也毋庸讳言，他的头上确也罩满声闻过实的炫目虚光，堪称被后人“圣化”以至“神化”的一个典型。泛泛而言“道德文章冠冕一代”，固无不可；如果细加检索，就会发现，他的精神底蕴仍恪守宋儒“义理之学”的范畴，致力于正心诚意、修身养性，克己省复、困知勉行，以期达到自我完善，成为圣者、完人。说开了，就是塑造一尊中国封建社会夕晖残照中最后的精神偶像。志趣不可谓不高，期待视域也十分宏阔。可是即便是如愿以偿，终究是个人的事，到头来又何补于水深火热中的苍生？何益于命悬一线的艰危国运？至于功业，举其荦荦大端，当属“收拾洪杨一役，完满无缺”。这又怎样？无非是使大清王朝“延喘”一时罢了。

再说张謇。观其抱负，实不甚高：“天之生人也，与草木无异，若遗留一二有用事业，与草木同生，即不与草木同腐。”没有什么“为天地立志，为生民立道，为去圣继绝学，为万世开太平”的经天纬地、惊天动地之志，不过是“不与草木同腐”而已。当然，对于大多数人来说，做到这一点也绝非易事。

张公活了七十三岁。前半生颠扑蹉跌于科举路上，状元及第之后，做出重大抉择——毅然舍弃翎顶辉煌、翰林清望，抛开传统仕途，转过身来创办实业。用他自己的话说：“愿成一分一毫有用之事，不愿居八命九命可耻之官”。他确立了“父教育而母实业”的发展思路，先后创办了二十多个企业，涉及纺织、印染、印刷、造纸、火柴、肥皂、电力、盐业、垦牧、蚕桑、油料、面粉、电话、航运、码头、银行、房产、旅馆等多种行业，涵盖了轻重工业、银行金融、运输通讯、贸易服务等门类。看得出，他所说的“实业”，大体相当于今天的第一、二、三产业。在他所兴办的三百七十多所学校中，中小学之外，重点是师范教育、职业教育（包括师范、女子师范和农业、医务、纺织、铁路、商船、河海工程等）；同时创建了工科大学、南洋大学，并积极支持同道创办复旦学院，将医、纺、农三个专科学校合并为以后的南通大学，还联合教育界一些知名人士，酝酿高师改为大学。他的设想是“师范启其塞，小学导其源，中学正其流，专门别其派，大学会其归”，从学前教育到中小学直至高校，从普通教育到职业教育、特种教育、社会教育，形成一个门类齐全的完整的现代教育体系。

兴办规模如此宏阔的实业、教育业，显示出张謇的远大抱负与惊人气魄；而在中国近代化进程中，筚路蓝缕，勇为人先，进行大量开创性的探索，则凸显了他的卓绝识见与超前意识。实业方面，张謇成功地摸索出“大生模式”，推进了中国近代企业股份制，最早创办了大型农垦公司和企业集团；教育文化方面，他所兴办的博物馆、师范学校、女子师范学校、刺绣艺术馆、新式剧院、戏剧学校、盲哑学校等，都在全国首开先河。他在创建图书馆、伶人学会、更俗剧场和多处公园、体育场的同时，还将目光和精力投向弱势群体，兴办了养老院、育婴堂、残废院、盲哑学校、贫民工厂、栖流所、济良所等一大批慈善机构。而无论是办实业、兴文教、搞慈善，全都着眼于国计民生，为的是改造社会，提高国民素质。

思想理论建树，有所谓“照着说”与“接着说”的差别。前者体现传承关系，比之于建筑，就是在固有的楼台上添砖加瓦；后者既重视传统，更着眼于创新、发展，致力于重起楼台，另搭炉灶。张謇作为开创型的实践家，当属于后一类。两类人物，各有所长，缺一不可。但从历史学的角度，后人推崇某一个人，总是既考察其做了何等有益社会、造福群黎之事，更看重他比前人多了哪些新的东西。我说“颇服张謇”，其因盖出于此。

二

如果说曾公的言行举止与其所遇时代、所处社会、所受教育完全统一的话；那么张公则在许多方面相背离，甚至截然相反。为此，人们总是觉得，这位“状元实业家”身上充满了谜团、悖论，从而提出大量疑问：

——张謇四岁至二十岁，从名师多人，读圣贤之书，习周孔之礼，可说是浑身上下，彻头彻尾浸透了正统的儒家血脉。那么，这样一个由封建社会按照固有模式陶熔范铸的中坚分子，怎么会走上一条完全背离传统仕途的全新道路？岂不真的应了那句俗话：“种下的是龙种，收获的是跳蚤”！

——明清两朝，非进士出身不得入翰林，非翰林出身不得做宰相。对于历经千辛万苦终于攀上科举制金字塔顶尖、获授翰林院修撰的状元郎张謇来说，相府、天枢已经“近在咫尺”；可是他却弃之如敝屣，意外转身，掉头不顾，追逐“末业”，从“四民”之首滑向“四民”之末，究竟是为了什么？

——传统士人的思维模式，是行动之前必须为自己寻求某种道义上的依据。那么，张謇走上这条新路的道义依据是什么？或者说，是什么理想赋予他超常的勇气和动力，使他突破“学而优则仕”的陈旧格局，摆脱重道义而轻功利的价值观？

——存在决定意识。在晚清封闭的社会里，他没有进过新学堂，没有出国留学，一生大部分时间偏处通海一隅；那么，他的新思想、新思路、新眼光，是怎么形成的？

——封建士人的文化心理是老成持重，“不为天下先”，重理而轻经济，尚虚文而不务实际，而张謇不仅勇开新路，并且脚踏实地，始终专注于经世致用，这又是怎么养成的？

他曾说过：“一个人办一县事，要有一省的眼光；办一省事，要有一国之眼光；办一国事，要有世界的眼光。”目光、眼力也好，视野也好，说到底，都是一个识见问题。有了超凡的识见，才会有超常的智慧、勇气与毅力。

世间种种看似神秘莫测的东西，背后总有规律可循。即以人生抉择、人的作为来说，那个所谓的“冥冥之中看不见的手”，往往植根于自身素质、社会环境、文化教养、人生阅历诸多方面，并以气质、个性、文化心理等形式制约着一个人的行止，影响着人生的遭遇。

张謇出生于江海交汇的海门。这里天高地迥，视野极为开阔。

居民均为客籍，来自江南各地。江南是各方文化汇接的前沿地带，尽得风气之先。这些移民原本思想比较开放，具有一定的市场观念、商品意识；移居到“江海门户”，沙洲江岸的时涨时坍，耕田方位的时北时南，生涯变换，祸福无常，更增强了忧患意识和拼搏精神，练就了善于谋生、勇于自立的本领。这些特征，在张謇父亲的身上都有所体现。张謇四岁时，父亲就送他进私塾，延聘名师调教，激励张謇刻苦向学，成材高就。张謇父亲又有别于一般世家长辈，他十分通达世务，晓畅经营之道，看重经世致用，诫勉儿子注重接触实际，力戒空谈，让儿子经常参加一些农田劳作与建筑杂活，使“知稼穑之艰难”。人是环境的产物。张謇从小就浸染在这种社会环境中，又兼乃父的耳提面命、身教言传，为日后养成开拓的意识、坚毅的性格、务实的精神，进而成为出色的实业家，打下了坚实基础。

张謇从小就坚强自信。一次随祖父外出，过小河时不慎跌落桥下。祖父惊骇中要下水把他拉起，他却坚持自己爬上岸，说“要自己救自己”。一天，塾师的老友来访，见天色转暗，便顺手燃起红烛。客人见张謇在侧，有意考考他的文才，遂以红烛为题，令他以最少的字作答。张謇随口说出：“身居台角，光照四方。”还有一次，塾师正在给张謇讲书，见门外有骑白马者经过，便即兴出句“人骑白马门前过”，张謇对曰“我踏金鳌海上来”。由此看得出他自小就志存高远，吐属不凡。

在求知请益、读书进学方面，张謇也有悟性。他熟谙经史，却不肯迂腐地拘守章句，而是从中摄取有益养分，择善而从。在传统文化价值体系中，有些合理内核是可以超越时代，成为现代精神资源的。比如，儒家所崇尚的以天下为己任、关心民族兴亡的强烈社会责任感，就在张謇身上深深扎下了根。在他看来，儒学作为一种文化积淀，也在不断地自我调适以应世变之需。张謇因而对孔孟的“义利之辨”加以扬弃与改造，提出“言商仍向儒”的新思路——从一开始，他便着眼于国计民生，坚持诚信自律的伦理道德和取之于民、用之于民的回馈思想，超越一般唯利是图的市井商贾，而成为追求社会整体效益的新型实业家的前驱。张謇特别鄙视传统士人脱离实际、徒尚空谈的积弊：“日诵千言，终身不尽，人人骛此，谁与谋生？”他主张“学必期于用，用必适于地”。在一次乡试中，他援引圣人的实践以阐明自己的思想，说“孔子抱经纶万物之才”，“裕覆育群生之量”，亦尝为委吏、乘田之猥琐贱事，而且，务求将会计、牛羊管好，“奉职惟称”，做“立人任事之楷模”。而这一切，都为他毅然勇闯新途提供了道义依据。

在人生抉择上，有三个重要节点对张謇影响至大，概括起来，是敞开了一扇门——实力报国之门；堵塞了两条路——科举与仕进之路。

张謇走出国门，前后不过三次。有两次是分别参加日、美博览会。此外，以光绪八年（1882 年）随吴长庆赴朝参战，磨炼最多，获益最大。当时张謇二十九岁。清朝的藩属朝鲜爆发了反抗封建势力和日本侵略者的“壬午兵变”，日驻韩公使馆被烧，日本借机出兵干预。吴长庆麾下的庆军奉命援护朝鲜，张謇以幕僚身份随行，“画理前敌军事”。张謇在近四十天里，通过与朝鲜、日本众多官员、学者交流政见，切磋时局，增广了见闻，弥补了旧有知识的缺陷，形成了纳国事于世界全局的崭新视野。张謇了解到日本明治维新全面进行社会改革，“殖产兴业”“富国强兵”的经验，在国内洋务派一意趋骛西方“利器”“师敌长技”之外，找到一条全新的路径。

光绪二十年（1894 年），对于张謇来说，是极不寻常的一年，可说是人生道路的分水岭。张謇十六岁考中秀才，后经五次乡试，均名落孙山，直到三十三岁才中举。此后四次参加会试，尽遭失败。至此，张謇已心志全灰，绝意科场。这次，因慈禧太后六十寿辰设恩科会试，他本无意参加，但禁不住父亲和师友的劝进，硬着头皮应试。状元及第，竟于意外得之。当师友们欢庆他“龙门鱼跃”时，他却无论如何也兴奋不起来。他难以忘记科举之路上二十六载的蹉跌颠踬，累计一百二十昼夜“场屋生涯”的痛苦煎熬。那时的考棚窄小不堪，日间弓身书写，夜里蜷伏而卧，炊茶煮饭，全在于此。日夜寝馈其间，导致伤风、咳嗽、发烧以至咯血。且不说科举制、八股文如何摧残人才、禁锢思想，单是这令人不寒而栗的经历，已使他深恶痛绝，从而坚定了创办新式学堂、推广现代教育的信念。

几个月后，中日甲午战争爆发。在“蕞尔小国”面前，“泱泱华夏”竟然不堪一击，签订了丧权辱国的《马关条约》。深重的民族危机，使张謇惊悚、觉醒，改弦更张，走上了一条全新的道路。张謇对晚清积贫积弱的根源做如下剖析：中国之病，“不在怯弱，而在散暗；散则力不聚而弱见，暗则识不足而怯见；识不足，由于教育未广，力不聚，由于实业未充”；“国威丧削，有识蒙垢，乃知普及教育之不可以已”。于是毅然决定抛开仕途，走实业、教育兴国之路。

第三个关节点，是“戊戌变法”伊始，在慈禧太后操控下，恩师翁同龢被黜，开缺回籍，永不叙用，交地方官严加管束。此事对张謇刺激极大。他们交谊三十年，“始于相互倾慕，继而成为师生，终于成为同党”，患难与共，至死不渝。如此严厉处置两朝帝师、官居一品的资深宰相，为有清一代所仅见。这使张謇预感到，“朝局自是将大变”，因而“忧心京京”，心灰意冷。生母临终前谆谆告诫的“慎勿为官”的遗言，仿佛又响在耳边。面对帝党、后党势同水火，凶险莫测的政局，“三十年科举之幻梦，于此了结”。

对于这一重大的人生道路抉择，张謇是慎重、清醒、谋定而动的。病逝前一年，他曾回顾说，经“反复推究……乃决定捐弃所恃，舍身喂虎，认定吾为中国大计而贬，不为个人私利而贬，庶愿可达而守不丧。自计既决，遂无反顾”。

三

关于张謇，胡适于 1929 年做过这样的评价：“张季直先生在近代中国史上是一个很伟大的失败的英雄，这是谁都不能否认的。他独力开辟了无数新路，做了三十年的开路先锋，养活了几百万人，造福于一方，而影响及于全国。终于因为他开辟的路子太多，担负的事业过于伟大，他不能不抱着许多未完的志愿而死。这样的一个人，是值得一部以至于许多部详细传记的。”

“伟大英雄”“开路先锋”，评价准确而充分，胡博士毕竟是明于知人。在暗夜如磐、鸡鸣风雨时，能够像张謇那样“专利国家而不为身谋”，通过个人努力，开创难以计数的名山事业，取得如此广泛的成功，晚清名流中确是屈指可数。

张謇一生经历曲折复杂，活动范围广泛，身兼晚清状元、改革思想家、资本主义企业家、新式教育家、公益活动家和政府官员多种角色，“崛起于新旧两界线之中心”，而能“适于时代之用”。他把道德自觉、伦理规范建筑在现实生活的功利基础之上，直接同物质生产联系起来。就身份来分，他属于行者，而不是言者；但他的许多论述十分精当，而且富有实践性。他善于融各种角色及资源于一体，将中国古代士人以天下为己任，关心民族兴亡和黎民疾苦，崇尚经世致用的优良传统，同西方工业文明中的创新、进取精神结合起来，创造出一种新型的中国实业家精神，并娴熟地运用于各项事业之中。

论其功业，可以用三句话来概括：作为中国历史上最特殊的状元，他开创了一条由封建士子“学而优则仕”转化为近代知识分子实业教育救国的新路；作为中国近代化的早期开拓者，他是晚清社会中具有理想主义色彩的实业先驱的一个标本；作为出色的实业家，他摸索出一条以城市为龙头、农村为基地、农工商协调、产学研结合的南通模式。1922 年，北京、上海报纸调查“最景仰之成功人物”，张謇得票最高。而其成功要素，前人认为：一曰纯洁，二曰创造性，三曰远见，四曰毅力。

说到失败，张謇同任何成功人物一样，奋斗历程中难免曲折。处于半封建半殖民地社会的特殊环境下的民族工业，面对外国资本的冲击，生存艰难甚至被吞并，本属常事。民族工业的价值在于开辟了一条新路，提供了可贵的标本、模式；在于进行了成功的实验。尽管在当时的条件下有些事业遭受挫折，却仍可以“耀后世而垂无穷”。正如钱穆所言：“人能在失败时代中有其成功，这才是大成功。在失败时代中有其成功，故能引起将来历史上之更成功。”

当然，张謇并非完人。我们肯定其事业之成功，绝不意味着他在各个方面都完美无缺。他勇立潮头，呼唤变革，却害怕民众革命；他为实现强国之梦而苦斗终生，但直到撒手红尘，对于这条新路究竟应该何所取径，也似明实暗。由于时代的局限，他的思想、见地并没有跳出近代民主主义的藩篱。在历史人物中，这种功业在前而政见、主张相对滞后的现象是常有的。

作为一个智者，张謇颇有自知之明。晚年，他在南通中等以上学校联合运动会上作过一次演讲。他说：“謇营南通实业、教育二十余年，实业、教育，大端粗具。言乎稳固，言乎完备，言乎发展，言乎立足于千百余县而无惧，则未也，未也”。“实业教育，大端粗具”，说得恰如其分。而“完备”“发展”，就任何前进中的事物来说，都不能遽加肯定。这不等于承认失败，也并非谦卑自抑，恰恰反映出他的严谨的科学态度。与此相照应，他在生圹墓门上曾自撰一副对联：“即此粗完一生事，会须身伴五山灵。”回首平生，他还是比较满意的：一生事业已经大体完成，死无憾矣；现在到了回归自然、与秀美的五山长相依伴的时刻。

一位史学家曾经说过：“张謇与南通这两个名字已经紧紧连在一起。在中国近代史上，我们很难发现另外一个人在另外一个县办成这么多事业，产生这么深远的影响。”是呀，先生“五山归卧”

已经过去近百年了。可是，无论是走进工厂、车间，放眼当年围垦的粮田、草场，还是置身于他所创办的大中小学；无论是潜心于博物苑、图书馆，赏艺于电影院、更俗剧场，还是在濠河岸边、五公园里悠然闲步，都会从亲炙前贤遗泽中感受到张謇的永生长在。先生的事业立足于通海，而他的思想、抱负却面向整个中国，他是整个中华民族的骄傲。借用古人的话："乃邦家之光，非闾里之荣也。"

文人篇

是真名士
自风流

遗编一读想风标

一

宋代杰出的政治家、改革家、文学家王安石写过一首题为“孟子”的怀古诗：

沉魄浮魂不可招，遗编一读想风标。
何妨举世嫌迂阔，故有斯人慰寂寥。

孟子（公元前372—前289年），名轲，邹人，战国时期伟大的政治家、思想家、教育家，被尊为“亚圣”。他是鲁国贵族孟孙氏的后裔。孟子幼年家境贫困，父亲早丧，强毅而有卓识的母亲“三迁择邻”“断织劝学”，将他抚养成人。孟子私淑孔子，为孔子之孙子思的再传弟子。《史记》本传称，孟子游说齐王，未能见用，转赴梁国，惠王认为他的主张“迂远而阔于事情”（远离实际，不合时用）。“当是之时，秦用商君，富国强兵；楚、魏用吴起，战胜弱敌；齐威王、宣王用孙子、田忌之徒，而诸侯东面朝齐。天下方务于合纵连横，以攻伐为贤，而孟轲乃述唐、虞、三代之德，是以所如者不合。退而与万章之徒序《诗》《书》，述仲尼之意，作《孟子》七篇”。

对于孟子，王安石是拳拳服膺、衷心景仰的。只是“往事越千年”，斯人早已成了“沉魄浮魂”，无法“复其精神，延其年寿”（《楚辞·招魂》），只能想望其风标于《孟子》遗编了。“何妨”一句，道尽了孟子，包括诗人自己雄豪自信、卓尔不群的气概与无所畏惧，“虽千万人，吾往矣”的坚定意志。诗人引孟子为知音与同道，最后以沉郁之语作结：毕竟还有这位前贤往哲足堪慰我寂寥！

说到孟子的风标，最显眼的是其政治抱负远大，高自期许，非常自负。他以孔子的继承人自任，指出：从尧、舜至于孔子以来，具有一条圣人、王者绵延相承的根脉；“五百年必有王者兴”，尧、舜至商汤，商汤至周文王，周文王至孔子，都是五百余年，“由周以来，七百有余岁矣，以其数则过矣，以其时考之，则可矣”。接下来，他直白地挑明：上天若是不想让天下治平，那就罢了；“如欲平治天下，当今之世，舍我而谁也？”

一次，门人公孙丑将他与管仲、晏婴相比。管仲、晏婴都是齐国著名的政治家，辅佐君主，富国强兵。孟子却大不以为然，对公孙丑说：“你真是一个齐国人，只知道管、晏！当年曾子的儿子曾西，认为管仲得到齐桓公那么专一的信任，执政那么久，功业却如此卑微，很不乐意同他相比。连曾西都不肯，你以为我就能愿意吗？”其实，管仲辅佐齐桓公“九合诸侯，一匡天下”，功业并不能说卑微，但由于只兴霸业而不施仁政，所以不为儒学宗师所认可。孟子还曾说过：齐王如果用我，何止是齐国人民可以安享太平，“天下之民举安”。时人景春认为魏国的纵横家公孙衍、张仪是真正的大丈夫：“一怒而诸侯惧，安居则天下息”。孟子同样不以为然，并斥之为“以顺为正者，妾妇之道也”，说他以顺从为正宗。

孟子雄强善辩，傲岸不群，在君王、权贵面前，尤其注重自己的身份，不肯屈身俯就。一天，孟子准备去朝见齐王，恰巧齐王派人来跟孟子说：“我本应该来看你，但是感冒了，不能吹风，如果你肯来朝，我便也临朝办公。”孟子觉得齐王是摆架子，“感冒”云云不过是托词。于是，他对使者说：“请你回去跟君王讲，我也病了，不能前去朝廷。”第二天，孟子要到东郭大夫家里吊丧。公孙丑提醒他：“老师，昨天您托词有病，谢绝齐王的召见，今天又要出去吊丧，这大概不好吧？”孟子说：“那有什么！昨天患病，今天好了。”孟子出门后，齐王派人来探视，并带来了医生。这该如何处置？跟着孟子学习的孟仲子只好出面应付，说：“先生的病好了一点，已经上朝了，不晓得他是否已经到达。”接着，孟仲子就派人在孟子回家的路上拦截，告诉他不要回家，赶紧上朝。孟子没有办法，只好躲到齐国大夫景丑家去借宿。

景丑同孟子交谈，说：“内则父子，外则君臣，这是重大的伦常关系。父子主恩，君臣主敬。可是，我只看见齐王对你很敬重，却没看见你怎么尊敬他。”孟子说：“在齐国人中，没有谁以仁义之道向齐王进言；他们并非认为仁义不好，而是觉得其王不足以谈仁义。这才是最大的不敬！我呢，不是尧舜之道不敢进言，所以，要说尊敬君王，没有谁能赶上我。”景丑说：“我指的不是这个。《礼》云：臣子听到君主召唤，应该立即动身，不能等待驾好车子再走。你本来准备上朝，一听说齐王召唤，反而不去了，这于礼不合吧？”孟子引曾子的话作答：“晋、楚之富，不可及也。不过，他们凭的是富，我行的是仁；他们倚仗的是爵位，我抱持的是仁义。我为何会觉得欠缺什么？”随之，孟子阐明：“天下尊贵者有三：爵位、年齿、德行。在朝廷上，先论爵位；在乡里中，先论年齿；至于辅佐君王，当以德行为上。所以，大有作为的君主，一定有不能召唤的大臣，遇有要事请教，应该亲自前去，以彰显其尊德敬贤之诚。”

孟子清高自持，刚正不阿。齐国大夫公行子家里办丧事，右师（齐之贵臣，六卿之长）王驩往吊，一进门，就有人趋前与之交谈，入座后，还有人跑到他的旁边献殷勤。孟子当时也在场，与王驩原本相识，却“独不与驩言”。右师不悦，怪他有意简慢。孟子知道了，说：“《礼》云：朝廷不历位而相与言，不逾阶而相揖也。我是依礼而行。”

齐王馈赠孟子百镒上好的黄金，孟子拒绝接受。弟子陈臻不解，孟子答曰：“这笔钱送得没有理由。没有理由送钱，等于用贿赂收买我。哪里有可以拿钱收买的君子呢？”

二

孟子这样做，不只是维护一己的身份与尊严，而是代表了士这一阶层的群体自觉，体现着士的主体性。当代著名学者牟钟鉴认为，孟子最大的贡献是确立士人的独立品格，提升了他们的社会地位，也升华了士人的精神境界，为中国知识分子立身处世确立了一种较高的标准。在知识分子的操守、气节方面，孟子的影响似乎比先师孔子更大一些。

春秋战国时期，群雄竞起，列国纷争，为实现富强，完成霸业，不仅需要武力，还迫切需求智力的支撑，所谓“三寸之舌，强于百万之师；一人之辩，重于九鼎之宝”。这样，诸侯之间便竞相“养士”，为士的活跃与发展提供了强大推动力，也形成了激烈的竞争，许多士人都趋之若鹜。士，作为道义的承担者、文化的传承者，以才智用世；但是士本身却并不具备施政的权势，若要推行自己的主张，就必须解褐入仕，并取得君王的信任和倚重，而这是以丧失思想独立性、心灵自由度为代价的。许多士人为富贵不惜出卖自己的人格，“无礼义而唯权势之嗜”（荀子语）。与此相对应，孟子适时而有针对性地倡导并坚守了一种以仁义为旨归的士君子文化。所谓士君子，也就是士阶层中那类重节操、讲道义、有风骨的优秀分子。

孟子像先师孔子一样，十分厌恶“乡原”，将这类八面玲珑、四方讨好、不讲是非原则的欺世盗名之辈斥为“阉然媚于世也者”。他要求士人“穷不失义，达不离道”，当生命与道义不可兼得时，要“舍生而取义”。“志士不忘在沟壑，勇士不忘丧其元”，志士不怕惨遭杀戮，弃尸山沟，勇士不怕丢掉脑袋，以成就其完美人格。在中国几千年的文明史上，为了社会进步、民族振兴而“成仁取义”的志士仁人灿若群星，他们的思想都不同程度地受了孟子的影响。

论及士人的独立品格，在封建时代，首要的是如何看待与处理君臣之间的关系。孟子强调“道尊于势”“德重于位”，明君应“亲亲而仁民”“贵德而尊士”。周游列国过程中，孟子常常不留情面地公开批评一些君主。孟子见梁惠王时，梁惠王谈到“察邻国之政，无如寡人之用心者”，可是国内民众却不见增多，孟子一针见血地直戳要害：“狗彘食人食而不知检；涂[1]有饿莩而不知发；人死，则曰：‘非我也，岁也。’是何异于刺人而杀之，曰：‘非我也，兵也。’王无罪岁，斯天下之民至焉。”紧接着，孟子又直面指斥梁惠王：“庖有肥肉，厩有肥马，民有饥色，野有饿莩。此率兽而食人也。”还有一次，孟子对弟子公孙丑说：“不仁哉，梁惠王也！”指责梁惠王为了争夺土地，驱使老百姓打仗，结果尸横郊野，骨肉糜烂。

尽管孟子是齐国的客卿，但是对齐宣王也毫不客气，竟然当面揭露其“恩足以及禽兽，而功不至于百姓”的虚假仁慈。他们有这样一段精辟的对话。

孟子问齐宣王：“如果您有一个臣子，他把妻子儿女托付给他的朋友照顾，自己出游楚国去了，等他回来的时候，却发现妻子儿女在挨饿受冻。您说，对待这样的朋友，应该怎么办呢？”

齐宣王说：“和他绝交！”

孟子又问了：“如果您的司法官不能管理他的下属，那应该怎么办呢？”

齐宣王说：“撤他的职！”

---

[1] 涂：通“途”。

孟子又问了：“如果一个国家治理得很糟糕，那又该怎么办呢？”

“王顾左右而言他。”——齐宣王十分尴尬，只好左右张望，把话题扯到一边去。

在孟子看来，商汤流放夏桀、武王讨伐殷纣，都是合乎正义的。“君有大过则谏；反复之而不听，则易位”。当齐宣王问：“臣弑其君，可乎？”孟子断然回答：“贼仁者谓之贼，贼义者谓之残。残贼之人谓之一夫，闻诛一夫纣矣，未闻弑君也。”孟子提倡“君臣有义”，反对“愚忠”，认为忠君是有条件的，要看君王值不值得尽忠，看君王怎样对待臣下。孟子明确地说：“君之视臣如手足，则臣视君如腹心。君之视臣如犬马，则臣视君如国人。君之视臣如土芥，则臣视君如寇雠。”

孟子还说过：“游说诸侯，要敢于藐视他，不要把他那一时的煊赫看得多么了不起！他们的殿堂阶基几丈高，屋檐几尺宽；菜肴满桌；姬妾数百；饮酒作乐；驰驱田猎，跟随的车子上千辆。我如果得志，绝不会这么做。他们所有的那些腐化享乐的事，都是我所不为的。我所做的都符合古代的规制。我为什么要畏惧他们呢？”

孟子这些肆无忌惮的言论、主张，遭到历代封建卫道者的口诛笔伐，疑孟、非孟迭出，有人竟列出十七条罪状。宋代政治家司马光批评孟子，首要一项便是“不知君臣大义”。司马光说：“孔子，圣人也，定、哀，庸君也。然定、哀召孔子，孔子不俟驾而行。”意思是，哪怕君主是庸君，至圣先师孔子都毕恭毕敬，而孟轲却架子十足，真是不成体统！不过，最厉害的还是明朝开国皇帝朱元璋，他声言：“此老要是活在今天，难免会遭受酷刑。”同时指出，孟子的不少言论“非臣子所宜言”，于是对《孟子》原文删节八十五条之多，还下令将孟子逐出文庙，罢其配享。

孟子由坚守士人独立品格，进而发展出“民本”思想，为儒学理论树起了一面鲜明的旗帜——“政在得民”。孟子说：“得天下有道，得斯民，斯得天下矣。得其民有道，得其心，斯得民矣。得其心有道，所欲，与之聚之，所恶，勿施尔也。”“乐民之乐者，民亦乐其乐。忧民之忧者，民亦忧其忧。乐以天下，忧以天下，然而不王者，未之有也！”

牟钟鉴《从孔子到孟子》一文指出：在早期儒家代表人物中，没有哪一位比孟子更重视民众的社会作用和历史地位。孟子提出了一个超越同时代人的口号：“民为贵，社稷次之，君为轻。”这个口号一经提出，便使社会震动，响彻了两千多年，成为批判君主专制的有力武器。“民贵君轻”之说，在先秦诸子中是极为罕见的。它肯定了民众是国家的主体，对于君权至上的制度具有很大的冲击力。按照孟子这一思想来设立政治体制，至少能发展出开明君主立宪制。这是孙中山提出民权主义的思想源头之一。

三

孟子十分重视心性修养、价值守护与精神砥砺，体现了士这一群体的主体自觉。

一是“养气”。宋代理学家程颐说过：“孟子有功于圣门，不可胜言。”“仲尼只说一个‘志’，孟子便说许多‘养气’出来。”“我善养吾浩然之气，”孟子指出，“其为气也，至大至刚，以直养而无害，则塞于天地之间。其为气也，配义与道，无是，馁也。”这种气是由正义积累而产生的，不能靠突击的正义行为来取得，更不能揠苗助长。

浩然之气就是人间正气，表现为优秀的心性修养、道德情操和高尚的人格理想、精神境界。南宋杰出的英雄文天祥的《正气歌》，把爱国主义精神发扬到极致，彰显了作者坚贞的民族气节和死生不渝的崇高信念，可说是对于孟子浩然之气的最佳诠释。诗中列举了十二位古人气贯山河、名垂竹帛的壮烈行迹，激情洋溢地歌颂了历史上为真理和正义而斗争的志士仁人，显现浩然正气所发挥的维系天柱、地维、人伦的巨大威力——“是气所磅礴，凛烈万古存。当其贯日月，生死安足论！”《正气歌》前面有个小序，特意提到孟子的“我善养吾浩然之气”。“浩然者，乃天地之正气也。”文天祥就义之前，写了一个自赞作为绝笔，其文曰：“孔曰成仁，孟曰取义。唯其义尽，所以仁至。读圣贤书，所学何事？而今而后，庶几无愧。”

二是“尚志”，使自己志行高尚。孟子反复强调“从其大体”——“养其小者为小人，养其大者为大人”，“无以小害大，无以贱害贵”，“先立乎其大者，则其小者弗能夺也”。“养心莫善于寡欲”。按照朱熹《集注》的解释：“贱而小者，口腹也；贵而大者，心志也。”可以理解为：大体指道德修养、高尚人格，亦即居仁由义；小体指声色货利、物质欲望。孟子把是慕仁向义还是逞欲逐利看作区分君子、小人的标志。当年子贡在谈到老师孔子的学问时，曾有“贤者识其大者，不贤者识其小者”之说，当与此同义。

宋代理学家陆九渊总是教人“先立乎其大”。结果有人讥讽他：除了“先立乎其大”一句，全无其他伎俩。陆九渊听了不以为忤，反而说：“这个人真了解我。”

三是“反求诸己”，即反躬自责。孟子传承、发展了孔门关于“自省”的圣训，进而强调：出了问题，要从自身查找原因。孟子说：“行有不得者，皆反求诸己”，“仁者如射，射者正己而后发。发而不中，不怨胜己者，反求诸己而已矣”。“反身而诚，乐莫大焉”，意为反躬自问，一切都诚实无欺。

四是历经艰苦磨炼。孟子指出：“故天将降大任于是人也，必先苦其心志，劳其筋骨，饿其体肤，空乏其身，行拂乱其所为，所以动心忍性，曾益其所不能。”孟子特别强调忧患意识与危机感，“生于忧患而死于安乐”是他的名言。孟子还说过：人的德行、聪明、道术、才智，往往来自危险的处境，亦即种种灾患。只有那些孤立之臣、庶孽之子，“其操心也危，其虑患也深”，方能通晓事理，练达人情。

五是升华人生境界。孟子有言：“可欲之谓善，有诸己之谓信，充实之谓美，充实而有光辉之谓大，大而化之之谓圣，圣而不可知之之谓神。”这段话意蕴丰富，不太好懂，其实说的是人生的六种境界：第一层是善——值得喜欢，使人觉得可爱，这就是善，也就是好；第二层是信——好处实实在在，令人信服、信任；第三层是美——那些好处充满于他本身，当然美；第四层是大——不止充实，而且辉耀四方，发扬光大；第五层是圣——大而能化，融化贯通，是为化境；第六层是神——圣德到了神妙不可测量的高度，此乃至上境界。

四

孟子很看重士君子的社会责任，说：“士人出来任职做官，为社会服务，就好像农夫从事耕作一样，这是他的职业。”士之出仕，“天下有道，以道殉身；天下无道，以身殉道。”意思是政治清明，道为己所运用，政治黑暗，不惜为道献身。士君子应该“居天下之广居（仁），立天下之正位（礼），行天下之大道（义）；得志，与民由之，不得志，独行其道。富贵不能淫，贫贱不能移，威武不能屈，此之谓大丈夫”。孟子指出，得志时要偕同百姓循着大道前行。

与列国争霸、以攻伐为能事形成鲜明的对比，孟子坚持仁政学说、德治思想，把修身与为政、伦理与政治、仁政主张与民本思想结合起来，走“仁者爱人”“以德服人”之路。孟子倡导省刑罚，薄税敛，使民以时，取民有制；以“老吾老以及人之老，幼吾幼以及人之幼”的推恩办法治民施政，这样才能得民心，无敌于天下。孟子呼吁君王“贵德尊士”，“尊贤使能，俊杰在位，则天下之士皆悦，而愿立于其朝矣”。孟子强调重教育，“觉斯民”，“善政不如善教之得民也。善政，民畏之；善教，民爱之。善政得民财，善教得民心”。孟子把“得天下英才而教育之”奉为人生至乐。

为了推行自己的政见，建立理想型社会，孟子终其一生宣扬教化，尚志笃行。学成之后，孟子先在邹国授徒设教。四十岁之后，孟子开始其政治生涯，出邹、游齐、过宋、适梁、访滕、入薛、至鲁，为卿于齐，最后归邹。这期间，他曾会见过齐威王、宋王偃、滕文公、邹穆公、鲁平公、梁惠王、梁襄王、齐宣王等多位君主。每至一国，孟子都积极建言、热情论辩、肆意批评，但其政见、主张终未得施行，到处碰壁。最后，孟子只好黯然归隐，二十多年致力于教育与著述。孟子的经历，与先师孔子相似，但还是孔子的际遇稍强一些。孔子出任过中都宰、司空、大司寇，还曾代理过相职，而孟子只当过短期的客卿，空有壮志宏图，未曾得偿于百一。孟子在帮助各国诸侯结束战乱、实现统一、实施仁政，亦即推行王道主义的理想方面，无疑是彻底失败了。

当然，若从长远和根本上看，孟子同孔子一样，立德立言，垂范后世，功在千秋，又确是伟大的成功者。著名哲学家金岳霖先生说过：“一位杰出的儒家哲人，即便不在生前，至少在他死后，是一种无冕之王，或者是一位无任所大臣，因为是他陶铸了时代精神，使社会生活在不同程度上得到维系。”

在讲学、著述中，孟子总结前代与当世治乱兴亡的规律，在如何对待人民这一根本性问题上，提出了“民贵君轻”“保民而王”、以仁政与民本为核心的富有民主性的思想。孟子首倡心性之学，确立士人独立品格，发展了孔子的思想、学说，为后世留下了宝贵的精神财富。

庄子在西方

20 世纪 90 年代，我先后到过美国、德国和英国，后来又到了墨西哥、阿根廷；综合几个地区的印象，域外许多作家、艺术家对两千多年前的中国先秦大哲庄子十分崇敬，也颇有研究，并将所学成果付诸他们的创作实践。

庄老夫子如果地下有知，一定会感到聒噪不堪，苦于日夜不得清静。白天，听故国学人对于其人其书纵横论议，争辩不休，贬之者固有，而誉之者极多；自从 18 世纪他的著作传播到西方之后，每到夜间，地球那面的诗人、作家，又把他们读庄、解庄、学庄的心得传送到他的耳边，闹得他无法安眠。

说到故国的传人，人们必然首先想到魏晋之际的嵇康和东晋时的陶潜，再就是唐代的李白、宋代的苏轼，直到清代的曹雪芹。这些旷代的文豪诗伯，组成一条跨越千年的传薪红线，脉络分明，各极其盛。无独有偶，这几年我又发现，西方居然也有五位文豪，或为戏剧家，或为小说家，或为散文家，或为诗人，不同程度、不同侧重地崇尚庄子的思想，欣赏他的思维方式，学习、借鉴他的创作经验，并都取得了丰硕的成果。

首先是美国作家梭罗。“梭罗与庄子在生活的坎坷、坚强和对个人主义的渴盼上都特别相似。”（林语堂）梭罗的生平阅历，比庄子还要简单。1817 年梭罗出生于一个小城镇，二十岁就从哈佛大学毕业了，尔后当了两年教师，并开始文学写作。梭罗赞同《庄子》中的很多见解，尤其崇尚庄子的简朴生活，试图追寻、体验庄子所倡导的清新、空灵、诗意的生活方式：从蛙鼓声声、鸟鸣嘤嘤中得到欢愉，在晨曦暮霭、朗月清风里收获宁静。

梭罗不遗余力地鼓动人们简化生活，取消娱乐，腾出时间来用于体验生命、品味人生；同时，通过自己的实验，告诉世人不要被繁纷复杂的生活所迷惑，失去生活的方向和意义。梭罗孤身一人跑到无人居住的瓦尔登湖边，自建了一个小木屋，种植玉米、豆类、萝卜和马铃薯，自食其力，过着原始、简朴的生活，总共住了两年两个月零两天。梭罗认为，这是一种理想的生活模式。回到城镇之后，梭罗患了肺病，死时年仅四十五岁。近两个世纪过去了，梭罗的小木屋以及瓦尔登湖，如今已经成为融入大自然、疏离社会群体和挑战物质文明、告别城市喧嚣的一种象征。

英国著名作家奥斯卡·王尔德读完《庄子》英译本后，感叹：“这部完成于两千年前的中国书，对欧洲人来说依然早了两千年。”言下之意：作为一种永恒的存在，庄子不仅超越了空间，也超越了时间。看来，他对庄子确实是衷心崇拜的。

王尔德作为一位重要的文学家，与庄子有相似之处，当然差异也是明显的。1854 年王尔德出生在都柏林一个有着卓越地位的家庭，后毕业于牛津大学。王尔德的作品以辞藻华美、立意新颖和观点鲜明著称于世。王尔德作为唯美主义的倡导者和实践者，无论是价值取向、个性特征，还是作品风格，都是充满魅力的。论者认为，王尔德的一生似乎就是一个巨大的悖论。他是一个集天使与魔鬼于一身的矛盾人物，既世故又纯洁，既虚伪又真实，一边取悦上流社会，一边又进行尖刻的讽刺、批判。正如赫拉克利特所说：“相反的东西结合在一起，不同的音调造成最美的和谐。”王尔德也正是这样。王尔德极端自负，曾傲气十足地写道：“上帝几乎将所有的东西都赐给了我。我有天才、名声、才气、社会地位，并勇于挑战知识。我让艺术成为一种哲学，让哲学成为一种艺术。我改变了人们的心灵与事物的色彩，我的一言一行，无不让人困惑、猜疑。”从这些方面，我们可以依稀看到庄子的影子。

德国著名戏剧家贝尔托·布莱希特出生于1898年，他从倡导歌剧改革入手，在理论和实践上进行史诗剧的实验，从而逐步形成了独特的戏剧理念与表演方式。他认真吸收中国戏剧艺术经验，特别是从庄子那里汲取了丰富的哲学思想。他像当年许多德国知识分子一样，怀着极大的兴趣阅读和研究《庄子》，不仅从中发掘出表现主义戏剧的理论支撑，而且激活了创造性思维，开阔了学术视野，使他的认知向哲学的深度和广度推进，从而“由一个欧洲人变成了一个世界性的人”。

布莱希特对于《庄子》五体投地地折服，曾说：“这样的书，在我们这里再也写不出来了，因为缺乏这种智慧。人们只能在自家的作坊里炮制思想，结果这种思想总也摆脱不了迂腐气息。”他在多部剧作中引进《庄子》的思想蕴涵，成为西方文艺家中仅见的“曲翻古调填今事，义探新辞改旧观”的典范。就此，当代学者张黎举出多部作品加以说明：《四川好人》里，卖水人老王偶然在一座破庙里拣到一本《庄子》，其中的一些故事令他联想到妓女沈黛的遭遇。他担心沈黛当好人、做好事可能不得好报，为此心神不宁，忧虑重重。睡梦中，他给来到人间寻访好人的三位神仙诵读了《庄子》中“材之患”的故事，请教神明：沈黛是否会像庄子寓言中那些好端端的树木一样，无法享受应有的天年？在《高加索灰阑记》里，布莱希特又以格鲁雪那双粗糙的手和大公那双细嫩的手为例，再一次精彩地演绎了“材之患”的思想。此前，布莱希特还曾以教育剧的形式，在《例外与常规》中用马克思主义阶级斗争学说，改造了庄子宣扬的乱世之秋的处世之道，把庄子哲学中的“隐逸之术”改造成了对人剥削人的社会制度的批判。《大胆妈妈和她的孩子们》取材于瑞典作家鲁内伯格的叙事诗《露塔·斯韦尔德》，剧中所表达的主题思想同样来源于《庄子》。这是一出中西合璧的作品，经过重新诠释的庄子思想构成了这出戏的灵魂。布莱希特正是通过这种“古为今用”“中为西用”的高明手法，使自己的作品既增添了艺术情趣，又蕴含着深邃的哲学魅力。

比布莱希特晚出生一年的阿根廷著名作家博尔赫斯，对于庄子更是顶礼膜拜，推崇备至。早在青年时代，博尔赫斯就通过英译本潜心研索《庄子》，并在作品中屡屡引用。他对《天下》篇中惠子讲的“一尺之棰，日取其半，万世不竭”无限着迷；“庄周梦蝶”的寓言故事，更使他悠然神往，竟然像发现新大陆似的，向老师、阿根廷著名作家马塞多尼奥讲解，并把它写进作品《漆手杖》里：“我瞅着它，我想起了庄子。庄子梦见自己变成了蝴蝶，醒来后不知道究竟是人做梦变成蝴蝶，还是蝴蝶做梦变成人。”

他还把《齐物论》中“方其梦也，不知其梦也；梦之中又占其梦焉，觉而后知其梦也，且有大觉而后知此其大梦也”这一论述，作为小说《圆形废墟》的主题[1]。在小说《另一个我》中，博尔赫斯描述1969年2月的一个上午，在英国剑桥遇见了1914年在日内瓦的自己。为了证明二者是同一人，1969年的博氏谈了他于1914年在日内瓦的往事；而1914年的博氏却说，这达不到证明的效果，“如果我梦见了你，你当然会知道我的事情”。1969年的博氏只好说：“若是今天上午和我们的会面都是梦境，那么，我们都得相信自己既是做梦人，同时也是梦中人。也许我们已经清醒，也许我们还在做梦。”他真是把庄子哲理美文的创造力和想象力发挥到了极致。

论者认为，博尔赫斯的创作划出了20世纪现代主义文学与后现代文学的分水岭。早在20世纪30年代，博尔赫斯就写出了论文《叙事的艺术与魔幻》；日后，更以其魔幻现实主义的创作实践，使东西方文学界霑益无穷。从博尔赫斯开始，传统的文学观念发生了很大变化，文学种类的界限被打破了，客观时间被消解了，幽默与荒谬结合、写真与魔幻统一，等等。作为拉丁美洲魔幻现实主义的开创者之一，博尔赫斯在名为《特隆、乌克巴尔、奥比斯•特蒂乌斯》的小说中，模糊以至抹杀了真实时间和虚构空间的界限，“虚构”这一美学概念在他的艺术世界里占据了最重要的位置。可是，博尔赫斯却谦虚地说：“魔幻文学祖师爷的头衔轮不到我，两千多年前梦蝶的庄周也许当之无愧。”

最后就要说到墨西哥著名诗人帕斯了。帕斯是五人中唯一出生

[1] 引自赵世欣论文。

于20世纪（1914年）、唯一获得诺贝尔文学奖的文学家。帕斯毕业于墨西哥大学哲学文学系，深受法国超现实主义诗风的影响；后期诗作又受到中国古典诗歌的启发，从而自觉地将东西方文化熔于一炉。帕斯曾翻译过王维、李白、杜甫等中国古代诗歌大师的作品；而对庄子，尤其殷殷垂注。1964年，帕斯与法国姑娘玛丽·何塞结婚，在赠诗中，他将爱侣与自己共同镶嵌进庄子的“蝴蝶梦”里：

一只蝴蝶在汽车丛中飞来飞去。
玛丽·何塞对我说：那一定是庄子，
正路过纽约。
但那只蝴蝶，
不知道是梦见成为庄子的蝴蝶，
还是梦见成为蝴蝶的庄子。
蝴蝶不会疑惑，
它自在飞舞。

他曾深情地说：“我最崇拜的散文家之一是位中国人——庄子。我的确认为他对我们有用。我推荐所有人都读读庄子的书，它与蒙田[1]的著作一样重要。”

实际上，域外研究庄子、钟情庄子的文人绝不止上述五位，我们随手就能举出一些。比如，苏联著名的语言学家什克洛夫斯

[1] 16世纪法国的文学大师。

基，在《散文理论》再版引言中写道："不久前，我被一篇中国小说震慑住了。一个人梦见一只蝴蝶，醒来之后他便陷入沉思，不知是他梦见了蝴蝶，还是蝴蝶梦见了他。"这里说的无疑是庄子。在这位语言学家看来，两千多年前的那个"蝶梦寓言"就是一篇精短小说。

除了人文学者，庄子的思维方式与表现手法同样也吸引了大批自然科学家。诺贝尔奖获得者、日本物理学家汤川秀树就曾多次说："我特别喜欢庄子，他的作品充满了比喻和佯谬，而且，其中最吸引人的是这些比喻和佯谬揭示出在我面前的那个充满幻想的广阔世界。"德国物理学家兼思想家、诺贝尔奖得主海森伯，从 20 世纪 50 年代开始，多次在演讲中援引庄子关于"有机事者必有机心"，机心会干扰、破坏灵魂的纯朴与宁静的论述。他说："很清楚，这则古老故事包含了许多智慧，因为'灵魂追寻'中的这种'不确定性'也许恰到好处地描述了现代危机中的人的状况。"

关于江淹的三个话题

一

那年五月，为寻访战国时期著名文学家、哲学家、思想家庄周的故里，我曾有豫东之行。那天，到了商丘市民权县，由当地学者陪同，在老颜集乡唐庄村和顺河乡青莲寺村分别看了传说中的庄子故里遗址和墓地。初夏日长，离天黑还有三个多小时，文友们建议，不妨就便寻访一番南朝著名文学家江淹的遗迹。

民权地处古代的济阳考城，公元444年，南朝宋元嘉二十一年，江淹出生在此间的程庄镇江集村。这里离老颜集乡不远，我们上了车，路经北关，很快就来到了程庄镇，一条笔直的大道又把我们引入江集村。

原来，江氏在这里是一个望族，在南朝，除了江淹，他的族侄江革，以及江总、江子一、江祏、江谧等，都在正史里有传。只是毕竟已经过去了一千五百多年，于今，村里除了几户江姓人家可以视为承祧的余胤，还有那句“江郎才尽”的成语家喻户晓以外，其他任何有关江淹的遗迹都已荡然无存。好在墓地还在，我们在东道主的引领下，赶往几公里外的岳集。和庄子的庐墓所在存有诸多争议不同，江淹墓地所在板上钉钉，确凿无疑，一向为史家所公认。据说，原来的墓园十分壮观，现在仅存一个不高的圆形土冢，旁边立有一座字迹斑驳的残损石碑，为明成化年间旧物，上面写有“齐醴陵侯丞相江公讳淹之墓”，从字迹看，当是由今人翻刻的。

当地民众对于江淹十分敬重，有些上了年纪的读书人，还能背诵几句他的诗文辞赋。他们听说我从东三省远道来访，非常兴奋。他们告诉我，江淹有两个头衔，一个是出色的文学家，一个是著名的清官。江淹年少时即因擅长辞赋诗文而声名卓著，后来走上了仕途，历经宋、齐、梁三朝，晚年担任过高官，官至金紫光禄大夫、吏部尚书。江淹不避权贵，直言敢谏，对贪官污吏从严惩治，绝不手软。到了五十九岁这年，江淹对子弟说：“吾本素宦，不求富贵，今之忝窃，遂至于此”，“吾功名既立，正欲归身草莱耳”。于是，江淹称病致仕，回到原籍养老，三年后因病去世。梁武帝亲自为江淹素服举哀，馈送葬钱三万，布五十匹，加封谥号“宪伯”。

乡亲们概括得很准确，江淹确实有“两个头衔”。应该说，江淹的官当得还不错，官声甚好。早在江淹担任御史中丞时，宋明帝就曾予以他很高的评价：“宋世以来，不复有严明中丞，君今日可谓近世独步。”大概因为这个评价，尽管江淹在文学史上的地位也十分显赫，后世史家修撰《南史》《梁书》为江淹立传时，却并没有将他纳入文学范畴。当然，这和中国历来的“官本位”意识也有直接关系。这令人想起了诗仙李白。李白一生中最高的官职不过是翰林待诏，而且为时甚短，原本没有什么值得夸耀于世的。可是，在“官本位”的封建社会，连李白的好友魏万也不能免俗，在为李白编辑诗文时，仍然要标上《李翰林集》。李白算得上哪家的翰林？岂非滑天下之大稽！古人与今人不同，他们把“立德”“立功”看得高于一切、重于一切。同样是“立言”，却一向看重以经国济世为旨归的奏章、策论，而把诗词歌赋当作“余事”，所以，韩愈有句云：“多情怀酒伴，余事作诗人。”扬雄说的就更直白、更加露骨了，《扬子法言》一书中自作问答：“或问：‘吾子少而好赋？’曰：‘然。童子雕虫篆刻。’俄而曰：‘壮夫不为也！’”

如何看待江淹的从政与为文，算是头一个话题吧。

二

第二个话题是江淹的文学成就。作为辞赋大家，江淹的《恨赋》《别赋》在中国骈文史上树起了两座丰碑，是令江淹巍然挺立于六朝文坛之上的两块重要基石。《别赋》堪称江淹的代表作，它运用铺陈排叙、环境烘托、情绪渲染、心理刻画等艺术手法，以浓郁的抒情笔调，通过对戍卒、富豪、侠客、游宦、道士、情人别离的描写，生动具体地反映出南朝社会的动乱，着意表达了下层读书士子的悲凉失意情绪。《恨赋》同样也是六朝抒情骈赋中的名篇，全赋着意渲染一个“恨”字，刻画了从得志皇帝到失意士人的诸多哀伤怨恨，概括了人世间各种人生幽怨与遗憾。按照钱锺书先生的解释，《恨赋》的题旨应该是：“恨者，本欲为而终憾未能为”。所以一开篇江淹就说：“仆本恨人，心惊不已。直念古者，伏恨而死。”在江淹那里，恨与别是紧紧联系在一起的。正如钱先生所说：“《别赋》乃《恨赋》之附庸而蔚为大国者，而他赋之于《恨赋》，不啻众星之拱北辰也。”后世词人辛弃疾有句云“苦恨芳菲都歇。算未抵，人间离别”，同样把恨和别锁在一起。

江淹辞赋有一个重要特色：用词造句十分考究，富于声律之美，艺术价值颇高。与其诗“善于摹拟”形成鲜明的对照，他的辞赋以“奇崛”见长，风韵清标，戛戛独造。说到奇崛，人们当会记起《恨赋》中“孤臣危涕，孽子坠心”这个名句。《孟子·尽心》篇曰：“独孤臣孽子，其操心也危，其虑患也深，故达。”按照习惯句法，应该是“坠涕”“危心”，“危涕”“坠心”则有些费解。可是，江淹却偏要把它们颠倒过来用。《别赋》中也有类似的例子，“是以别方不定，别理千名。有别必怨，有怨必盈。使人意夺神骇，心折骨惊。”最后的“心折骨惊”实际上是指心惊骨折的精神错乱、悲痛异常的状态。看得出来，江淹已经习惯这种写法了，诚如李善在《文选》注中所言：“江氏爱奇，故互文以见义”。

这种事例，在后代的诗文创作中屡见不鲜。比如，杜甫的《秋兴》诗第八首中“香稻啄馀鹦鹉粒，碧梧栖老凤凰枝”一联，原本是鹦鹉啄余香稻粒，凤凰栖老碧梧枝，可是，他偏偏要倒过来说。这么一颠倒，变叙述句为描写句，突出了香稻与碧梧这两个主体，使审美意义与节奏意义大于语法意义，不同凡响。再如，杜诗中有“绿垂风折笋，红绽雨肥梅”一联，就语序来看，也似乎不顺，可是，若从体物深细，引人注意“绿垂”“红绽”后文的角度来思考，又确实觉得高明。它们都体现了杜诗“以意为主，以独造为宗，以奇崛沉雄为贵”（明人王世贞语）的特点。

当代国外文艺理论家有所谓“陌生化”的说法，就是使审美对象陌生化，触发艺术鉴赏中的理性激动，从而延长审美感知的过程。一切熟知的事情，人们往往以为理所当然如此，因而轻忽了它的存在，放弃了深度理解。所以，文艺理论家提出：“要把熟悉当作陌生，要把习俗当作不可思议，要把平常当作惊异！”当然，江淹也好，杜甫也好，他们构造奇崛的句子、沉雄的意境，出发点不只是标奇立异，引人注意，也反映了他们胸中存有一种郁勃不平之气。

三

说到“江郎才尽”，后世更是聚讼纷纭，争议不休，主要集中在江淹是否真的“才尽”和如何看待“才尽”这两个焦点上。这就进入了第三个话题。

现在来看，江淹的那些名篇力作确实产生于青年时代，特别是遭到贬谪期间；中年以后，随着名位不断增高，官声日益显赫，文学创作便逐渐走向低潮。《南史》本传中也是这么说的：“淹少以文章显，晚节才思微退”。那么，原因何在呢？长期以来，人们都把它说得很神秘。最早给出答案的，是与江淹同时代而稍晚的南朝梁文学批评家钟嵘。钟嵘在《诗品》中提到，有一天晚上，江淹夜宿冶亭，“梦一美丈夫，自称郭璞，谓淹曰：‘我有笔，在卿处多年矣，可以见还。’”江淹听了，便从怀中取出五色笔来，还给了那人，“尔后为诗，不复成语，故世传江淹才尽”。这种说法影响颇大。到了唐代，史学家李延寿撰写《南史》还把它收入江淹传里，并且踵事增华，添枝加叶，又塞进去另外一个故事：江淹曾“夜梦一人自称张景阳，谓曰：‘前以一匹锦相寄，今可见还。’”江淹从怀里掏出几尺残锦还给他，“此人大恚曰：‘那得割截都尽！’顾见丘迟，谓曰：‘余此数尺，既无所用，以遗君！’自尔，淹文章踬矣。”

庙堂之上富贵安逸的环境，盘根错节的矛盾，使得江淹专注于仕途经济，而于诗文创作着力无多，自然就佳作见少了。他在齐武帝永明初年所作的《自序》中，已经流露出满足于荣誉、地位而不思精心创作的情绪：“人生当适性为乐，安能精意苦力，求身后之名哉！”清代文学家姚鼐认为，江淹并非真的才尽，而是后期“名位益登，尘雾经心，清思旋乏”所产生的必然结果。我觉得，这也是很自然、很正常的现象。即便是诗仙李白，尽管有天纵之才，如果一直在朝廷里出任高官，安富尊荣，封侯佩印，恐怕也会诗才大减。我在一篇文章中，曾经这样说过：亏得李白政坛失意，所如不偶，以致远离魏阙，浪迹江湖，否则，沉香亭畔、温泉宫前，将不时地闪现着他那潇洒出尘的隽影，而千秋诗苑的青空，则会因为失去这颗朗照寰宇的明星，而变得无边的暗淡与寥落。这该是何等遗憾、多么巨大的损失啊！

明末文学家张溥同样不以“才尽”论为然，他从一个新的角度予以阐释：“江文通遭逢梁武，年华望暮，不敢以文陵主”，“而蒙讥‘才尽’”。意思是，江淹入梁之后，遇到了博学多才、文学天赋很高却猜忌心重的武帝萧衍，不得不有意识地韬光养晦，收敛锋芒，并非真的“才尽”。宋代诗人徐钧写过一首七绝：

生际河清献颂文，尤工乐府丽春云。
人言才尽何曾尽，深恐名高上忤君。

虽说是题咏鲍照，实际上，与之齐名的江淹何尝不是如此！后人这么猜度，并非全无凭据。宋孝武帝时，王僧达文才超众，声名显赫，孝武帝便找个借口将他除掉。沈约原为梁武帝的得力重臣，曾经协助他篡夺齐祚，可是，由于有人告发沈约与武帝比赛学问时故意认输，武帝觉得丢了面子，勃然大怒，甚至要杀掉沈约。

稍后于张溥的清初著名学者王夫之，则认为江淹“脉脉自持”，以清标独赏，“不屑尽其才”，与时人争一日之短长：“文通于诗，乃至不欲取好景，亦不欲得好句，脉脉自持，一如处女，唯循意以为尺幅耳”。还有人认为，江淹的诗作遒劲古峭，跟永明体的诗风相隔甚远，致令当时评判、鉴赏者感到不习惯，遂有“才尽”之讥。

当然，支持“才尽”论者也大有人在。比较有代表性的是明代著名学者、文艺批评家胡应麟。胡应麟反对那些惝恍迷离的传说，而是从生理学的角度做出解释：“人之才固有尽时，精力疲，志意怠，而梦征焉。”光绪年间进士江云龙同样认为江淹晚年真的是“才尽”了，只不过找个体面的说法，有诗曰：“郭仙雅意怜才尽，早索江淹彩笔还。”张协（字景阳）和郭璞，都是两晋时代著名文学家，郭璞又是道学术数大师和知名的术士。江云龙的诗说索还彩笔体现了郭大仙——实际是《诗品》作者钟嵘——怜爱江淹的一番雅意，一篇遁词。

文宗求仕

一

关于一代文宗、位居“唐宋八大家”之首的韩愈，宋代几位同在“八大家”之列的文学巨擘各有说法。

以雄视百代之宏才主盟文坛的东坡居士称颂韩愈“文起八代[1]之衰，而道济天下之溺”。苏轼说：“诗至于杜子美，文至于韩退之，书至于颜鲁公，画至于吴道子，而古今之变，天下之能事毕矣。”“八代”也好，“天下”也好，都是把韩愈之文作为中华古代文明瑰宝的极品，放到“古今之变”的最广阔的文化背景上来考量，从而确立其文学史上崇高的地位。还是这位眼空四海的大文豪，曾经断然说：“唐无文章，唯韩退之《送李愿归盘谷序》一篇而已。平生愿效此作一篇，每执笔辄罢。因自笑云：‘不若且放，教退

[1] 东汉、魏、晋、宋、齐、梁、陈、隋。

之独步。’”

无独有偶，宋代另一位文坛盟主、发现并拔擢苏轼的伯乐——欧阳修，也曾以韩文作为学习楷模。欧阳修在应进士试落第之后，曾两次取出韩文研读，发出了“学者当至于是而止尔”的赞叹。

苏轼的老父亲苏洵则评论说：“韩子之文，如长江大河，浑浩流转，鱼鼋蛟龙，万怪惶惑，而抑遏蔽掩，不使自露；而人望见其渊然之光，苍然之色，亦自畏避，不敢迫视。”

上面说的是韩愈之文，那么他的诗呢？欧阳修有言：“退之笔力，无施不可，而尝以诗为文章末事，故其诗曰：‘多情怀酒伴，余事作诗人’也。然其资谈笑，助谐谑，叙人情，状物态，一寓于诗，而曲尽其妙。此在雄文大手，固不足论；而余独爱其工于用韵也。”清代著名诗评家叶燮在其名作《原诗》中说：“杜甫之诗，冠绝今古，此外上下千余年，作者代有，唯韩愈、苏轼，其才力与甫抗衡，鼎立为三。韩诗无一处犹人，如太华削成，不可攀跻”，以其境界独辟、才力充沛、想象雄奇、不甘蹈袭前人，成为“唐诗之一大变”。现代著名学者游国恩等主编的《中国文学史》中对韩诗有如下论断：“从创作实践来看，韩愈主要是继承李白的自由豪放和杜甫的体格变化、‘语不惊人死不休’的艺术传统，独立开拓道路。”当代著名学者孙昌武指出：“对韩愈诗文风格的总评价，一般归结为‘雄奇’、‘奇伟’、‘奇诡’等，甚至说‘奇者极于韩’（清朱彝尊语）。……韩愈尚奇，首先决定于他的思想意识。坎坷不平的人生经历郁结下的愤懑之气无可发泄，加上他又具有学奇好胜、

不安凡庸的个性，这都促使他在创作中形成奇崛不凡的美学特征。”（《韩愈选集·前言》）

我之所以不厌其烦地列举历代名家赞颂韩愈诗文的宏言谠论，是想说明一件事。“手持文柄，高视寰海；权衡低昂，瞻我所在；三十余年，声名塞天”；“古人中求，为敌盖寡”（唐刘禹锡语），号称“文章巨公”“百代文宗”的韩愈，竟然在科举考场上屡试屡挫——四应礼部进士试只一得，三试于吏部博学宏词科竟无一成，求仕之难简直是“难于上青天”啊！说来让人感到疑惑，又颇为气闷和感伤。

二

唐德宗贞元二年（786 年），韩愈离开宣州，赴京师长安应举求官。当时，韩愈从其他举子那里了解到进士试的程式、命题的方法，又看了往年礼部所试赋、诗、策等试题，“以为可无学而能”，并没有太当一回事。韩愈办了县、府两级甄选手续，获得乡贡资格之后，便于贞元四年投身礼部春闱进士考试。韩愈万万没有料到，竟然连续三届皆未得中，与原来想的“一战而霸”大相径庭。在愧愤交加之下，写下了五古《县斋有怀》，有“人情忌殊异，世路多权诈。蹉跎颜遂低，摧折气愈下”之句。贞元八年（公元 792 年），韩愈第四次应礼部进士试，多亏遇上了爱才识才且“长于辞翰”的兵部侍郎陆贽权知贡举，才被录取。在此次中第的二十三名进士中，韩愈名列第十四，是年二十五岁。

其实，若论入仕的话，进士只是取得了一个资格。唐时选官，考中进士只是取得了“出身”，若要“释褐[1]”，亦即得到朝廷的正式委任，还须应试吏部诠选。于是，韩愈便“趁热打铁”，在当年初冬又应了吏部的博学宏词科考试。试卷的赋题是《钧天乐赋》，诗题是《中和节诏赐公卿尺诗》。韩愈看过，觉得信心满满，势在必得。事实上也是如此，韩愈的试卷经吏部核审即予铨定，岂料，报中书省复审时竟遭否决。接下来，韩愈于第二年、第三年连续赴考，全部落第。

“官门”在望，咫尺天涯。韩愈在怅怀失意之余，把登仕的希望寄托在权臣或名士的引荐上。期间，韩愈曾多次上书求荐。贞元八年，他到凤翔节度使邢君牙府上参谒，奉上《与凤翔邢尚书书》，渴望得到他的推举。谈到“及至此都，徘徊而不能去者，诚悦阁下之义，愿少立于阶墀之际，望见君子之威仪也。居十日而不敢进者，诚以无以为荐，惧阁下以众人视之，则杀身不足以灭耻，徒悔恨于无穷。故先此书，序其所以来，阁下其无以为狂，而以礼进退之，幸甚，幸甚！”可是最终也未得一见。

贞元九年，韩愈曾给韦舍人写了一封信，即《应科目时与人书》。写道：“天池之滨，大江之濆，曰有怪物焉，盖非常鳞凡介之品汇匹俦也。其得水，变化风雨，上下于天不难也。其不及水，盖寻常尺寸之间耳，无高山大陵旷途绝险为之关隔也。然其穷涸，不能自致乎水。为獱獭之笑者，盖十八九矣。如有力者，哀其

[1] 脱掉粗布衣服，换上官服。

穷而运转之，盖一举手一投足之劳也。然是物也，负其异淤众也，且曰：‘烂死于沙泥，吾宁乐之。若俛首帖耳，摇尾而乞怜者，非我之志也。’是以有力者遇之，熟视之若无睹也。其死其生，固不可知也。今又有有力者当其前矣，聊试仰首一鸣号焉。庸讵知有力者不哀其穷，而忘一举手一投足之劳，而转之清波乎？其哀之，命也。其不哀之，命也。知其在命，而且鸣号之者，亦命也。愈今者，实有类于是。是以忘其疏愚之罪，而有是说焉，阁下其亦怜察之。”结果同样一无所获。

最令人伤情以至气愤的，是贞元十一年春三次上书宰相。韩愈从正月二十七日开始，给当时在相位的贾耽、赵憬、卢迈写信自荐，申诉自己“四举于礼部乃一得，三选于吏部卒无成”，“遑遑乎四海无所归，恤恤乎饥不得食、寒不得衣”的窘况，情辞极为恳切，希望得到提携，求得任用，以便实施自己的抱负。但未获理睬。于是，过了十九日，韩愈又写了第二封信，自喻“蹈水火者之求免于人也”，“疾呼而望其仁之也”，相信宰相不会“有可救之道而终莫之救也”。岂料仍然置之不理。过了二十九天，韩愈又第三次上书，申明自己不是贪图富贵，而是“忧天下”，不愿独善其身。依旧是“泥牛入海无消息”。

虽然韩愈考中了进士，但由于三次吏部选试均未能过关，最后不得不到地方担任节度使的幕僚，以便寻觅机会，登朝入仕。韩愈先到汴州董晋幕府中谋得一个观察推官的微职。直到贞元十八年（802），才被正式任命为国子监四门博士。这样一个职位不算很高的学官，韩愈竟苦苦奔走了十六年才到手。

三

总体上说，唐代科举制与魏晋南北朝的九品中正制相比，由限定门第出身到不经察举自由报名，参加统一考试，是个很大的进步。但中唐以后，统治集团腐败，朝政混乱，内部斗争加剧，有理想、有抱负的新进之士难以容身；而“贡举猥乱，势门子弟交相酬酢，寒门俊造十弃六七”的不公正、不合理现象，时有发生。考试过程中，主司把学识以外的因素掺杂进来，有的以个人好恶作为去取的衡量标准。

具体到韩愈身上，上述情况当是其多次落选的首要原因。其次，朝中无人举荐，虽经奔走呼号，也无人施以援手，也是一个重要因素。其三，韩愈个性狂傲，矜奇尚异，耻于趋附流俗，也是一个原因——过去不是有“不求文章中天下，只求文章中试官”的说法吗？在《答崔立之书》中，韩愈曾对应吏部试所答试卷进行反省：“退自取所试读之，乃类于俳优者之辞，颜忸怩而心不宁者数月”，“夫所谓‘博学’者，岂今之所谓者乎？夫所谓‘宏辞’者，岂今之所谓者乎？诚使古之豪杰之士若屈原、孟轲、司马迁、相如、扬雄之徒，进于是选，必知其怀惭，乃不自进而已耳”。这也就是孔夫子所说的“行己有耻[1]”吧？以之立人、修身，当

[1] 一个人行事，凡自己认为可耻的就不去做。

然难能可贵。可是，抱持这样的观念去应试，岂非“缘木求鱼”“南其辕而北其辙”乎！

韩愈上书无人理睬、遭到冷遇，初看确实不可理解，甚至无法容忍。可是唐代有个特殊情况，开科取士，不仅看考试成绩，还需要名士或者公卿推荐。考生奔走权门，奉书自荐，投献作品[1]习闻惯见，甚至每天都会碰上几起。除求贤若渴、以进才擢士为己任的贤明长者会认真对待外，普通官吏“有眼无珠”，弃置不顾，恐怕亦是常事。

当然，在唐代考取进士着实不易，更不要说还有吏部铨选一关。据记载，有唐一代约三百六十个州（府），下辖一千五百多个县，历年参加进士考试的在一千五百人左右，而录取率不过百分之一二，仅有十几人到二十几人。“僧多粥少”，竞争激烈，三四次落第十分正常，连考十几次的也不少见，而终身不第的则居大多数。诗圣杜甫有“读书破万卷，下笔如有神。赋料扬雄敌，诗看子建亲。李邕求识面，王翰愿卜邻。自谓颇挺出，立登要路津”（《赠韦左丞丈二十二韵》）之句，非常自负，可是应“制举”试却遭落榜，只好“骑驴十三载，旅食京华春”，哀叹“生无所成头皓白，牙齿欲落真可惜”，最后靠给皇帝献上《三大礼赋》才得待制集贤院。诗人罗隐久试不第，嗒然为诗：“病想医门渴望梅，十年心地仅成灰。早知世事长如此，自是孤寒不合来。”而诗仙李白则毅然拒绝赴考，远离科场，结果无缘魏阙，浪迹江湖。这样也好，博得个身心自由，率情适意。

[1] 当时称作“投卷”。

可以说，一千余年的科举史，就是由这些落第者与及第者以眼泪与欢笑书写的。而才人的落拓失意，则为文学史增添了丰富的内涵。这里只概略地列出两个有规律性且相互关联的课题。

“古来才命两相妨”，唐代诗人李商隐的这一名句，高度概括了历史上才大如海的杰出人才总是命途多舛的悲剧现象。人们常以才高命短的贾谊、王勃、李贺为例，说一个人的才华与命运常常是相克相妨的。杜甫就曾悲吟过：“文章憎命达，魑魅喜人过”，“古来材大难为用”，“终日坎壈缠其身”。

由此，又得出另一个耐人寻味的课题——诗文与命运的关系。韩愈在《荆潭唱和诗序》中说：“夫和平之音淡薄，而愁思之声要妙。欢愉之辞难工，而穷苦之言易好也。是故文章之作，恒发于羁旅草野。至若王公贵人，气满志得，非性能而好之，则不暇以为。”欧阳修亦有类似见解：“诗必穷而后工。”当代著名学者傅璇琮在《唐代科举与文学》一文中指出：“唐人以科举为题材的诗篇，还是以写落第的作品最好。”验之以韩愈，亦然，大量传世名文都是困顿、穷愁期间写出来的。

四

不管怎么说，人们对于这位“百代文宗”蹭蹬蹉跌几十载的仕途经历，还是抱着无限同情、痛惜的态度，意有不平，“于心有戚戚焉”。当然，如何看待韩愈汲汲求仕，学人也有不同的看法。主要观点认为他求官心切，“热中躁进”，“不善处穷”，不理解他何以苦苦追求，简直到了“惶惶不可终日”的程度。也有人认为，既然李白与其父亲韩仲卿交谊甚深，在所撰《武昌宰韩公去思颂碑》中对韩仲卿赞美备至，那么，晚辈韩愈何不学学李白的远避尘俗、超然物外呢？由此再深入一步，责其“逢迎权贵”，俯首乞怜，更有甚者说他丧失尊严、丧失人格。

这里有一个如何读史，如何对待古人的问题。读史，贵在通心。未通古人之心，焉知古代之史？法国史学家布洛赫说过“理解才是历史研究的指路明灯”通心，首先应能设身处地地加以体察，也就是要把历史人物放在当时当地的历史情境中去进行考察。南宋思想家吕祖谦有言：“观史如身在其中，见事之利害，时之祸患，必掩卷自思，使我遇此等事，当作何处之。”研究历史的朋友都知道，苛责前人，率意做出评判，要比感同身受地理解前人容易得多。而换位思考，理解前人，却是一切治史以及读史者所必不可缺的。

韩愈属于正统的儒家学派，尽管他十分推重李白，但在处世、进取上，他们却是“两股道上跑的车”。李白说：“我本楚狂人，凤歌笑孔丘。”而韩愈则以孔孟学派的正统继承人自居。孔子说：“不仕无义”，“君子之仕也，行其义也”，“行义以达其道”。孔子特别强调读书士子应该具有推行和弘扬“道”的强烈责任感与使命感。孔子本身就是这样做的，周游列国，席不暇暖，渴望入仕以达其道。与春秋之世不同，唐代是大一统的王朝，不存在周游列国的条件，那么，要实现行道、救世的宏伟抱负，就只有参加科考，以求及第，进而为官。韩愈在《与卫中行书》中说：“其所不忘于仕进者，亦将小行乎其志耳。”

韩愈奉行儒家“兼济”与“忧天下”的思想主张，并不赞成走“独善自养”的道路。要“行乎其志”，“兼济天下”，则必须入仕、当官。春秋时，论德才，商鞅无法和孔子相比，可是“商鞅能教令必行”，原因就在于他身居高位、手握重权；而孔子则无职无权，所以只能悲叹“手无斧柯，奈龟山何”。

至于上书乞官，逢迎权贵，这里也有具体原因。前面说过，唐代取士，考试成绩是一方面，公卿权贵与知名人士的推荐也很重要。因此，士人纷纷奔走于名公巨卿门下，这是普遍现象。即便是超脱、清高如李白，不也是写过自荐信《与韩荆州书》吗？李白信中说过：“今天下以君侯为文章之司命，人物之权衡，一经品题，便作佳士。而今君侯何惜阶前盈尺之地，不使白扬眉吐气，激昂青云耶？”

投书自荐关键看怎么写。李白的信写得不卑不亢，韩愈也是如此。韩愈在《与凤翔邢尚书书》中，一开头就说：“布衣之士，身居穷约，不借势于王公大人，则无以成其志；王公大人功业显著，不借誉于布衣之士，则无以广其名。是故布衣之士，虽甚贱而不谄；王公大人，虽甚贵而不骄。其事势相须，其先后相资也。”在《后二十九日复上宰相书》中，韩愈以周公为标杆，对时宰说：“愈闻周公之为辅相，其急于见贤也，方一食，三吐其哺，方一沐，三握其发”；“周公求之如此其急，唯恐耳目有所不闻见，思虑有所未及，以负成王托周公之意，不得于天下之心”。“今阁下为辅相亦近耳。天下之贤才，岂尽举用？奸邪谗佞欺负之徒，岂尽除去？四海岂尽无虞？九夷八蛮之在荒服之外者，岂尽宾贡？……其所求进见之士，虽不足以希望盛德，至比于百执事，岂尽出其下哉？其所称说，岂尽无所补哉？今虽不能如周公吐哺握发，亦宜引而进之，察其所以而去就之，不宜默默而已也。”连珠般地质问，义正词严，哪里显现一丝奴颜媚骨？

五

韩愈为人行事，可贵之处是不忘初心。

初心之一是“行乎其志”，也就是为国为民行道、做事。宋人杨万里写过一首以山泉为喻的讽刺诗，有句云：“流到前溪无一语，在山做得许多声。”说的是某些为官者，在还没有入仕或政坛失意之时，踌躇满志，雄论滔滔，满是生不逢时、怀才不遇的牢骚，或者侈谈一些治国理政、致君泽民的宏伟抱负。可是，一旦入朝执政，权柄在手，便全然忘却当初的承诺，或者尸位素餐，毫无建树，或者学乖弄巧，缄口不言，唯恐触犯时忌，心安理得地做起“太平官”来。韩愈可不这样。《新唐书》本传上说韩愈“操行坚正，鲠言无所忌”，“有爱在民，民生子，多以其姓字之”。

韩愈在国子博士任满之后，升调监察御史，终于获得进谏机会。关中一带大旱，民众纷纷饿死道旁，但官府仍肆意聚敛，京兆尹李实竟然向朝廷谎报“今年虽旱，而谷仍好”。韩愈知道后，遂上书数千言，请免徭役赋税。结果触怒了当朝，被贬为阳山县令。韩愈二十来年辛勤谋得的官位，仅仅两个月就弄丢了。两年后，宪宗即位，韩愈遇赦，移官江陵，为法曹参军。韩愈历经几年贬官生涯，回京任中书舍人，时值蔡州藩镇吴元济谋乱，宰相裴度巡视诸军，力主以武力制伏，与权要李逢吉等意见相左。韩愈遂上书皇帝，奏言：吴元济“以三小州残弊困剧之余，而当天下之全力，其破败可立而待也。然所来可知者，在陛下断与不断耳”。致使“执政不喜”，改任太子右庶子。后来，韩愈参与平定淮西吴元济之役，在行军司马任上表现出处理军国大事的才能，升迁为吏部侍郎，算是真正进入了上层统治集团。两年后，韩愈又因上表谏迎佛骨，引起宪宗震怒，幸得裴度等大臣挽救，才免于一死，被贬为潮州刺史。“欲为圣明除弊事，肯将衰朽惜残年？”结局却是“一封朝奏九重天，夕贬潮阳路八千”（《左迁蓝田示侄孙湘》）。此时，韩愈年已五十又二，五年后便辞世了。

初心之二是爱惜人才。在韩愈看来，选拔人才是一种“深思长虑”，是“为国家树根本之道”。对于选拔、培养人才，韩愈有一套高明的见解。他说：“世有伯乐，然后有千里马。千里马常有，而伯乐不常有。故虽有名马，只辱于奴隶人之手，骈死于槽枥之间，不以千里称也。马之千里者，一食或尽粟一石。食马者不知其能千里而食也。是马也，虽有千里之能，食不饱，力不足，才美不外见，且欲与常马等不可得，安求其能千里也？策之不以其道，食之不能尽其材，鸣之而不能通其意，执策而临之，曰：‘天下无马！’呜呼！其真无马邪？其真不知马也！”（《杂说》）

韩愈曾说过：“余尝观于皇都，每年贡士至千余人，或与之游，或得其文”（《送权秀才序》），目的就在于发现、培养、选拔与推荐人才，终生乐此而不疲。韩愈曾向礼部员外郎陆傪推荐侯喜、侯云长、刘述古、韦群玉、沈杞、张弦、尉迟汾、李绅、张后余、李翊等十位俊秀之材。这些人后来都陆续进士及第，得到长足发展。

《新唐书》本传说韩愈“成就后进士，往往知名。经愈指授，皆称韩门弟子”。比如，后来成了名家的李翱、皇甫湜、张籍、李绅、贾岛等多人，就都曾受惠于韩愈的奖掖与扶持。韩愈亲访神童李贺，针对当时过分强调避讳以致影响李贺考取进士的社会风气，著文《讳辩》，予以有力的批驳，传为千秋佳话。“穷究经史，章通句解”的樊宗师，韩愈先荐于宰相郑余庆，又荐于故相袁滋，最后又拟状荐于朝廷，一而再，再而三，呕心沥血，期于必成。诚如清代著名史学家、诗人赵翼所言：“昌黎以主持风雅为己任，故调护气类，宏奖后进，往往不遗余力。”

对于这位“百代文宗”来说，除了震古烁今的文学成就之外，上述两个方面同样是他生命历程中的辉煌的闪光点。

其人与笔两风流

这里说的是“随园老人”，清代著名诗人和散文家袁枚。

袁枚出生于康熙五十五年，嘉庆二年辞世，身历康、雍、乾、嘉四朝，活了八十二岁。袁枚这一辈子活得十分滋润——从心所好，诗酒风流，放浪不羁，畅怀适意。为此，更以“古之达人哉”自命。

清代大诗人、与袁枚齐名的性灵派主将赵翼《读随园诗题辞》有句云：

其人与笔两风流，红粉青山伴白头。
作宦不曾逾十载，及身早自定千秋。

好友商宝意作诗颂赞他：

过江不愧真名士，退院其如未老僧；
领取十年卿相后，幅巾野服始相应。

可说都是恰当而准确的定评。

一

说起袁枚的“作宦”生涯来，是很有趣的。袁枚十二岁这年就和私塾的老师一起中了秀才，二十三岁中举，次年就成了进士。金榜高中的惊喜之情，袁枚都写进了诗里：“道逢报捷者，惊喜如雷颠。疑误复疑梦，此意堪悲怜。”袁枚对未来的仕宦生涯、锦绣前程充满了渴望与信心。这在他的诗句中表露得十分的充分：

宴罢琼林有所思，曲江风里立多时。
杏花一色春如海，他日凌霄哪几枝？

中了进士，袁枚又回乡完婚，娶了幼时聘定的王氏。“洞房花烛夜，金榜题名时”，真是喜上添喜。旧时把中进士叫“大登科”，把娶媳妇叫“小登科”。袁枚此刻正是：“大登科后小登科”，得意达于极点。

按照当时的规矩，进士中年轻而又才华出众者可以入翰林院任庶吉士，这叫“选馆”。一般为期三年，期间由翰林中的教习授以各种知识，然后进行考核，称为“散馆”。成绩优异的正式成为翰林，叫作“留馆”。大概物极必反吧，袁枚般般如意，偏偏在翰林院庶吉士三年期满的考试中砸了锅。袁枚不是砸在诗文上，而是输在满文翻译上。由于对“蝌蚪文”没兴趣，袁枚在“龙筋标万字，鸟篆斗千行”的满文面前，考了个最下等。这样就只能“外放”了——到地方去担任知县一级的官吏。袁枚前后在江苏的溧水、江浦、沭阳、江宁当了七年县令。

原来一路春风得意，于今美梦成灰，由“一日姓名京兆举”，“今朝身到蕊珠宫”，到“花总一般千样落”，“玉颜如此竟泥土”，落差如此之大，袁枚自是心中郁塞，万分沮丧。一些朋友也为之惋惜。在袁枚南下就职时，赋诗送行者有之，劝慰、鼓励者亦有之。袁枚赋诗四首作为奉答，有句云：“三年春梦玉堂空，珂马萧萧落叶中。生本粗才甘外吏，去犹忍泪为诸公。”“三生弱水缘何浅，一宿空桑恋有余。手折芙蓉下人世，不知人世竟何如。”

“生本粗才”云云，看似自谦，实则是发牢骚，但又不敢深说；“弱水缘浅”是说无缘玉堂金马、留任翰林；“一宿空桑”有个典故，佛家说，头陀不三宿空桑——修行的人在同一棵桑树下驻留，不能超过三宿，否则就会产生留恋之情。“人世何如”，是说从朝廷外放到县里，等于从天上贬到人间，而“人间世”是矛盾复杂，水深莫测的。

前往溧水赴任途中，遇上了一场弥天大雾，袁枚吟出“前程原是梦，何必太分明”的诗句，充分反映出他的失落情绪，已经埋下了日后辞官归隐的伏笔。

这次挫折对袁枚影响至深。尽管七载知县生涯做了许多实事，留下了善政美名，但终究心有不甘。特别是做江宁知县时，吏部尚书尹继善曾举荐他为江苏高邮太守，但由于遭到恩师史贻直“未免风流”的批评，结果被吏部驳回。袁枚心中十分不快。这时，碰巧母亲患病，袁枚便递上辞呈，解职回家奉亲去了。这年他三十三岁。

关于辞官的真实心理，袁枚在一封私人通信中有所披露：如果真是为民劳苦，自己心甘情愿，可是奔波趋走，不过是拉关系、走后门，送往迎来，为大官做奴才，实在是没意思。他还写过一首名为《俗吏篇》的诗，把俗吏参谒高官、应对宾客、簿书烦琐的场景刻画得淋漓尽致。天性爱好读书的袁枚，面对这种情况，简直一天也受不了。袁枚说：自从当官，整天忙于公务，“每过书肆，如渴骥思泉，身未往而心已赴”。

不过，由于家境窘迫，加之师友劝驾、各方催促，四年后袁枚再度出山，到陕西担任知县。可是，不久传来父亲病逝的噩耗，袁枚丁忧回到南京，从此下定决心，再不出仕。尽管师友多次催促、劝驾，但袁枚归隐之意已决。袁枚特地将这种心情说给知心朋友、洪洞县令陶西圃：

> 仆已挈家入山，随园构草屋数间，畜五母之鸡、二母之彘，采山钓水，息影蓬庐。从此，永赋遂初，虽韩白按剑于前，苏张巧说于后，必不出雷池半步矣。

可见辞意的坚决。

“畜五母之鸡，二母之彘”，说的是在家养母鸡、母猪，典出《孟子》。“永赋遂初”，古时做官的人弃官回家，称作“遂初”，意为遂了他当初不愿出仕的心愿。“韩白按剑”，这是说对他动武——汉朝的韩信、战国时的白起都是武将。“苏张巧说”，是说对他巧言相劝——战国时的苏秦、张仪都是有口才的辩士。“雷池”，水名，在安徽望江县，古人说不走出这个地方，叫作“不越雷池半步”。

这样，袁枚的仕途到此便告终止。袁枚对比去官前后的心情：“枥马负千钧，长鞭挟以走。一旦放华山，此身为我有。”无官一身轻，“仰视天地间，飞鸟亦徐徐”，心中十分畅快。回想起昔日的仕宦生涯，袁枚心有余悸：“山人一自山居后，梦里为官醒尚惊。”

而后，袁枚便过上了四十五年的隐居生活。

二

袁枚的隐居生涯，更是内容丰富，极饶情趣。袁枚自拟了这样一副对联：

不作高官，非无福命只缘懒；

难成仙佛，爱读诗书又恋花。

不能够“兼济天下”，那他就“独善其身”。仕宦这条路，他不想走了。隐居之后，他的生活可以用“享受人生”四个字加以概括。具体事项，排列出来无非是：读书写作、饮食男女、恣情山水、营造园林。现在，我们从后往前说。

三十三岁那年，袁枚用三百两银子买下了康熙年间织造隋赫德的私家园林，易“隋”为“随”，名之曰随园。袁枚看重这里的文化底蕴，有诗为证：

人好土亦好，一墩属谢公[1]。
青莲[2]悦其景，慨然思送终。
舒王[3]争其台，欲住愁雷同。
我领石城尹，颇有晋人风。

但是到手之日，园倾且颓，百卉芜谢，破败不堪。袁枚下了很大功夫，对它加以整修、改造。在他自撰的《随园记》中有如下记载：

随其高，为之江楼；随其下，为置溪亭；随其夹涧，为之桥；随其湍流，为之舟；随其地之隆中而欹侧也，为缀峰岫；随其蓊郁而旷也，为设宦交。或扶而起之，或挤而止之，皆随其丰杀繁瘠，就势取景，而莫之夭阏者，故仍名曰“随园”，同其音，异其义。

而后又做过三次改造。由于怀念故乡杭州西湖，故“每治园，戏仿其意，为堤为井，为里、外湖，为花港，为六桥，为南峰、北峰”，从而居家中如居西湖，居他乡如在故乡。园内景观由最初的二十四景，踵事增华，逐步扩展，增加到四十六景。园的四

---

[1] 园基即东晋太傅谢安的谢公墩。
[2] 李白号青莲居士。
[3] 王安石死后谥舒王。

周没有筑墙，游人可以自由参观。每逢秋日，各地应试的举子和商贾云集园中，游客多达万数。可惜的是，这样美好的景观未能保存下来，随园老人袁枚去世五十五年后，太平军攻陷南京，随园毁于战火。袁枚临终前曾作诗留别随园，可说是一语成谶：

转眼楼台将诀别，满山花鸟尚缠绵。
他年丁令还乡日，再过随园定惘然。

“丁令”指汉时的丁令威，传说他曾在千年后化鹤归来。

修造园林，给袁枚带来巨大的负担，但也带来无穷的乐趣。园成之日，袁枚即将老母亲从杭州接来南京，住进园内，尽其孝亲迎养之责。这样一直到袁枚六十三岁那年老母去世为止。

袁枚还是一位著名的美食家。由于他视饮食之道为学问、为艺术，对饮食文化富有研究，凡与友人聚会，尽“以枚为饮食之人，引为上座”。而他也特别留心饮食技术，只要在哪里吃到了美食，事后一定派遣厨师，执弟子之礼，前往学习、就教。袁枚把这些经验、技术，一一收集、整理出来，编纂成《随园食单》，系统地论述了烹饪技术和南北菜点的制作，全书分须知单、戒单、海鲜单、杂素菜单、点心单、饭粥单、茶酒单等十四个部分。《随园食单》阐述了一些烹调理论，更多的还是方法、技术的介绍，非常实用。袁枚对烹饪学有很深的研究，王英志教授在《袁枚评传》中归纳为烹饪思想及饮食五戒与厨师三戒。

袁枚的烹饪思想有四：一曰求精，主要反映在选物与配料上。袁枚认为，“厨者之作料，如妇人之衣服首饰也。虽有天姿，虽善涂抹，而蔽衣褴褛，西子亦难以为容”。二曰食物的独立品性，应显示其独特风味。袁枚批评“俗厨动以鸡、鸭、猪、鹅一汤同滚，遂令千手雷同，味同嚼蜡”。三曰重搭配，体现烹饪艺术的辩证关系。“要使清者配清，浓者配浓，柔者配柔，刚者配刚，方有和合之妙”。袁枚还提出美食须与美器搭配的观点，一席佳肴，“唯是宜碗者碗，宜盘者盘，宜大者大，宜小者小，参差其间，方觉生色”。四是对成品菜肴的要求，讲究鲜嫩、清淡、细腻等。

三

“红粉青山伴白头”，这是对袁枚晚年享受生活的极好的概括。

袁枚有一种强烈的烟霞痼癖，即所谓“采山钓水”，壮游天涯。当然，这需要具备三个基本条件：一是有钱。袁枚多年来，以地主、文人、出版商、教师等多重身份取得多种收益，积攒了不少资财；二是有闲。应该说，这是袁枚辞官之后最足以骄人耀世的一种优势。三是有健康的体魄。直到八十岁，袁枚仍然拥有充沛的体力、脚力和精力。

袁枚出游分长短两途。中年时节，主要是短途旅行，主要以南京为中心，往返于杭州、苏州、扬州之间。除了领略江南旖旎风光，如邓尉探梅、太湖泛舟、扬州览胜、西湖观景之外，主要是人文方面的诗友聚会、觞咏酬答。足迹所至，留下了大量的诗文。

名山大川更是袁枚的至爱。十三年间，袁枚有几次长途旅游，遍游安徽、江西、广东、广西、湖南、福建等地。对此，王英志先生在《红粉青山伴歌吟》一书中，做了翔实的记载。

袁枚第一次出游，到了天台山、雁荡山、四明山、雪窦山，范围主要在浙东一带。袁枚先到杭州，然后沿着“唐诗之路”，乘船顺钱塘江、曹娥江、剡溪南行。之后舍舟登陆，经李白梦游的天姥山，再登天台山、赤城山，登上一千多米高的主峰华顶峰，游了石梁飞瀑。在建于隋唐的国清寺遇见寂明上人，口吟：“逢僧我必揖，见佛我不拜。拜佛佛无知，揖僧僧现在。”然后又继续前行，游了温州地区的雁荡山，处州的黄龙山，缙云的仙都峰。一路上，主要景点无一遗漏。这一年袁枚六十七岁，整整出游了四个月。

第二年，袁枚又作黄山之游，登了主峰之一的一千八百多米的光明顶。袁枚在登始信峰时，临风立于接引崖峭壁，下视深不见底之溪壑，道是“坠下亦无妨。因为无底，飘飘然，尽可求片刻飞仙般的快活”。接着，又去了九华山，前后耗时两个月。

第三次出游，是去广东端州，袁枚时年六十九岁，行期将近一年。临行时有诗：

三年游屐未曾停，又作珠江万里行。
老骥不知筋力减，闲云只觉往来轻。

先是溯长江而上，登小姑山、庐山、五老峰，转到陆路后，过梅岭、韶州，登丹霞山，未见石碑遗迹。袁枚发表了精到的见解：雁荡山自南宋才开发，故无唐人题名。黄山自明代开辟，故无宋人题名。丹霞山国初开发，故连明碑亦无。自大禹治水遍行九州，至今已四千余年，但名山大川还颇多未开发者。这使人联想到，山川尚且如此，那么，圣人经义更无津涯，其未阐发者亦多。如果因为前贤曾作疏解，就阻挡后人不许再添新说，那实在是浅陋无知，不足为训。

尔后，袁枚又游了七星岩、合掌峰、罗浮山。然后由端江乘船，经阳朔，到桂林。这里是他五十年前的旧游之地，般般重睹，恍如隔世。

七十岁后，袁枚又有几次远行。先是游览了武夷山，七十七岁、七十九岁再游天台、三游天台，八十岁还出游杭州、苏州。

袁枚颇以此自豪，有诗云：

自觉山人胆足夸，行年七十走天涯。
公然一万三千里，听水听风笑到家。

对于袁枚来说，造园、美食、壮游之外，第四大生活享受便是风流了。正如他在《自嘲》一诗中所说的：“有官不仕偏寻乐，无子为名又买春。”

袁枚生在清代中期，所受教育、思想熏陶、家庭与社会影响，都是封建礼教那一套，但他偏偏能够跳出藩篱，冲破禁锢。当时称作通脱，今天看就是思想比较开放，特别是在男女之爱上。袁枚有一套高论：

怜香惜玉而不动心者，圣也。惜玉怜香而动心者，人也。不知玉不知香者，禽兽也。人非圣人，安有见色而不动心者？其所以怜香惜玉者，人异于禽兽也。世之讲理学者，动以好色为戒。则讲理学者，岂即能为圣人也？伪饰而作欺人语，殆自媿于禽兽耳。世无柳下惠，谁是坐怀不乱？然柳下惠但曰不乱也，非曰不好也。男女相悦，大欲所存。天地生物之心，本来如此。卢杞家无姬妾，卒为小人；谢安挟妓东山，终为君子。好色不管人品，何必故自违言哉！

卢杞是唐朝大臣，为人阴险狡诈，居相位期间，害能忌贤，先后陷害颜真卿等人。谢安是东晋名士，当过宰相。声名甚高，被推崇为江左“风流第一”，世人皆称“安石不肯出，将如苍生何？”

为了满足其好色贪欢之欲，袁枚以没有子息接续香火为名，在结发妻子之外，从四十岁到七十四岁，先后娶了六个小妾。年轻时，袁枚更是冶游放荡，曾到妓院寻花问柳、买春猎艳，显然，“求子”云云，不过是一种借口。这也是袁枚遭人诟病、饱受讥弹的一个主要方面。

和这种好色、放浪形成对比的是，出于对才女的爱惜与欣赏，袁枚从出任江南县令到辞世之前，一直坚持招收、教诲、培养女弟子，直到临终那一年还接纳了五名受教者。女弟子总数在五十名以上。其中，大多是江南名士或者官吏的妻妾、女儿，还有来自云南、福建、东北等地的女才人。作为中国诗坛上少见的女性创作群体，她们擅诗文，爱书画，其实力之强、成就之高，广受世人关注，成为清代文坛上的一桩盛事，诗歌史上的一段佳话。

四

袁枚风采特异，才华出众，自成一派，不拘泥于礼教，一生喜欢园林、讲究美食、性耽山水、酷爱佳丽，说“其人风流”是确当、中肯的。那么，赵翼说“其笔风流”，又何所指呢？袁枚在自道其诗时，强调“专主性灵”，“诗之为道，标举性灵，发舒怀抱”，提出了“性灵诗说”，开创了“性灵诗派”。而所谓“性灵”，就是既本乎性情，又注重灵机、灵悟、灵思，即灵敏的审美感觉，灵巧的想象、构思，以及由感觉得来的独到见解。

体现在诗歌写作与欣赏上，袁枚把“情”摆在首位，以情为经纬，与情相终始，视情感为诗的原动力。袁枚说：“诗，性情也”，“性情以外本无诗”，“诗，由情生者也。有必不可解之情，而后有必不可朽之诗”。袁枚主张诗应依情感的浓淡、厚薄来定品，“诗情愈痴愈妙”。袁枚要求“情，如雷如云，弥天塞地，迫不可遏”，要滂沛充盈，激切、饱满。

袁枚认为，诗之有情如花木之有根，无本之花木，顷刻凋谢，了无生趣。他有一个比喻：“作诗如交友也，倘朋友相见，终日一味寒暄通套语，而不能听一句肺腑之谈，此等泛交，如何可耐？”

袁枚特别强调“情真”，认为诗歌是内心的声音，是性情的真实流露，应该袒露思想，直抒胸臆。袁枚有一首七绝《儿须》，实际是写老母亲的：

手制羹汤强我餐，略听风响怪衣单。

分明儿须白如许，阿母还当襁褓看。

耄耋之年的老母亲对待须发已白的儿子，还像对襁褓中的孩子那样，亲手做汤给他吃，稍微听到一点风响，立刻埋怨儿子穿得单薄，要他快加衣服。描情拟态，真真切切，异常感人。

其次，袁枚认为凡主真情，一定都强调个性，强调情感的“唯我性”。袁枚正是如此。他认为，“作诗不可以无我”，“有人无我，是傀儡也”。反对无病呻吟，反对模拟、应付、堆砌。他特别看重表现个人生活遭际中的真实感受、情趣和识见。王英志先生在《袁枚评传》中引述《随园诗话》中的一段话，并做了精彩分析：

凡作诗者，各有身份，亦各有心胸。毕秋帆中丞家漪香夫人有《青门柳枝词》云：“留得六宫眉黛好，高楼付与晓妆人。”是闺阁语。中丞和云：“莫向离亭争折取，浓云留复往来人。”是大臣语。严冬友侍读和云：“五里东风三里雪，一齐排立等离人。”是词客语。

同一题材的诗，不同的人写，反映出各自的身份、个性、胸襟。夫人的“闺阁语”，显示其妩媚爱俏的个性；中丞的“大臣语”，显示其仁厚大度的个性；学者的“词客语”显示其多愁善感、情感丰富的个性。个性化与独创性是相通的。

正如德国著名哲学家黑格尔所说："独创性是从对象的特征来的，而对象的特征又是由创造者的主体性来的。"主体性表现为诗人独具的思想、阅历、情感、生活的积累，有自己独特的审美感受，并有独出心裁的艺术构思、表现手法。袁枚有一句名言："诗宜自出机杼，不可寄人篱下。譬作大官之家奴，不如作小邑之簿尉。"

再次，与个性化相联系，性灵诗说主张诗人必须有独创性，要有独特的审美感受与认识，要提倡艺术表现的独创性。"取前人所没有说过而说之"，"出奇以制胜"。袁枚晚年游雁荡山，题《卓笔峰》七绝，可视为其诗论主张的具象化。

孤峰卓立久离尘，四面风云自有神。
绝地通天一支笔，请看依傍是何人！

袁枚还有一首《谒岳王墓》：

不依古法但横行，自有云雷绕膝生。
我论文章公论战，千秋一样斗心兵。

岳飞用兵如神，论战有言："兵家之要，在于出奇，不可测识，始能取胜"，"兵法之常，运用之妙，存乎一心"。袁枚论诗文创作，同样主张"运用之妙，存乎一心"。因此说，"千秋一样斗心兵"。

最后，要有情趣、风趣、生趣。这也是性灵派诗歌的一个突出特点。翻开袁枚的《小仓山房诗集》，充满情趣的诗随处可见，引人不断发出会心的微笑。他写老态：

作字灯前点画粗，登楼渐渐要人扶。

残牙好似聊城将，独守空城队已无。

“聊城将”是个典故，齐将田单势如破竹，一直打到聊城城下。燕国大将负隅顽抗，攻城久不能下，鲁仲连了解燕将的性格、心理，写信攻心，燕将羞愧自杀，聊城成了空城。

议论、评判、思辨之类的诗，很不容易写得形象、生动，且看袁枚题为《遣兴》的论诗诗：

爱好由来下笔难，一诗千改始心安。

阿婆还是初笄女，头未梳成不许看。

阿婆，诗人自比，笄即簪子，初笄，俗称“上头”，为女孩的成人礼，一般在十五岁举行。内容是论述诗文的写作与修改，却以梳头、初笄的形象比之，十分生动有趣。

袁枚的性灵说和《随园诗话》声闻超绝，名满天下。时至今日，仍有积极进步的意义和较高的价值。尽管《随园诗话》与诗作均不无可议之处，但瑕不掩瑜。作为一代诗坛盟主，袁枚应该说是一位有功于中国诗坛乃至整个学术文化领域的真才子、大诗人。

女性篇

一缕香魂
无断绝

貂蝉趣话

事情源于一次晋中访古。那天，我们乘车从太原到忻州，为的是访察金代著名诗人元好问的故居、墓地和“野史亭”。不料，半路上出了个岔头，一个牌坊式的大门赫然出现在眼前，门额上写着：“欢迎远道客人来访貂蝉故里”。

当地作陪的文友解释说：“有一种说法，貂蝉出生在忻州。据说早年这个村头曾经有一块‘貂蝉故里’的石碑，传说这里有她的墓地和祠庙。”

对于历史上究竟有没有貂蝉这个人，是存在争议的。目前，学术界许多人还是倾向于曾经有过这样一个女子。关于貂蝉的出生地，也有不同意见，大致有米脂说、临洮说、忻州说三种观点。至于“貂蝉故里”石碑，恐怕来自元人杂剧《锦云堂暗定连环计》。剧中写董卓专权，荒淫残暴，太尉杨彪请司徒王允设计除之。戏文中有一段貂蝉对王允自报家门的台词：“您孩儿又是这里人，是忻州木耳村人氏，任昂之女，小字红昌，因汉灵帝遴选宫女，将您孩儿取入宫中，掌貂蝉冠，因此唤做‘貂蝉’。”汉灵帝将貂蝉赐予并州刺史丁原，丁原又把她许配给义子吕布。战乱中，貂蝉与吕布失散，流入王允府中。一次，貂蝉在后花园焚香，祈求神灵保佑吕布，被王允发现。问知情况后，王允大喜，厚待如亲生女儿，因与密议，巧设了连环计。

“那么元人戏曲中把貂蝉定为忻州人氏，是根据民间传闻还是史有所据呢？”那位问难的文友继续刨根问底。

这部戏曲的事出于《三国志平话》卷上“王允献董卓貂蝉”和“吕布刺董卓”两节。不过，原文关于貂蝉身世的交代十分简单，只说：本姓任，小字貂蝉，家长是吕布，自临洮府相失，至今不曾见面。我想，如果历史上的忻州真有貂蝉其人，这样安排乃是纪实。若是纯属虚拟，其根据也许和下述情况有关：王允是历史人物，献帝时先后当过太仆、司徒，他是太原人，太原离忻州很近；吕布出生于内蒙古包头西面的九原，也曾在太原服役。这样，貂蝉与丈夫失散后，以乡里之谊流入王允府中也说得过去。巧还巧在，罗贯中也是太原人。因此，忻州开辟个“貂蝉故里”的旅游点也自有依凭。

不过，到了罗贯中笔下，连环计的情节在元人戏曲的基础上又有了很大的发展。《三国演义》第八、第九回，叙述董卓迁都长安后愈益专横跋扈，司徒王允欲诛之，苦无良策。王允素待府中歌伎貂蝉如亲女，貂蝉见允忧思愁闷，知有大事要做，愿以一死报之。王允乃设下连环计，先请吕布赴宴，令貂蝉把盏，吕布悦其美貌，王允即许以为妻。数日后，王允又请董卓赴宴，仍令貂蝉侑酒，董卓为其美色所迷，王允又把貂蝉献给了董卓。由此，吕布对董卓更加衔恨，又兼貂蝉巧施计谋，使二人矛盾日益激化，吕布欲杀董卓。后来，经过王允进一步策划，终于把董卓除掉。《三国演义》

改动了《三国志平话》和元人杂剧中貂蝉与吕布原本是夫妻的情节，显得更合乎情理。

关于貂蝉的话题临时打住，但仍有大量的问题有待探讨。比如，前面引述的除了杂剧就是小说、平话，都是出于文人之手，既可以像《三国演义》那样，凭借着一定史实，踵事增华，添枝加叶；又可以凭空结撰，羌无故实。那么貂蝉、吕布的历史真迹，是否有踪迹可寻呢？

生活于明代弘治、嘉靖年间的著名学者杨升庵，在《升庵外集》中最先提出：世传吕布妻貂蝉，史传不载，但在唐人李贺诗《吕将军歌》中，确有“吕将军，骑赤兔，独携大胆出秦门，金粟堆边哭陵树”之句，看来，应有吕布其人。杨升庵之后，清代学者梁章钜也认为，貂蝉事隐据《吕布传》，虽然她的名字未见于正史，但其事未必全虚。《三国志·魏书》有一段记述：吕布奉董卓之命把守中阁，遂与董卓侍婢私通。恐事泄露，心不自安。这些记载，起码说明了戏曲、演义中的“吕布戏貂蝉”与王允巧计除奸并非凭空构想，而是于史有据的。但也只此而已，既不能否、也不好定与吕布私通的侍婢就是貂蝉，所以成为一个悬案。

还有，关于貂蝉的评价问题。一般认为，清人毛宗岗的看法具有一定的代表性。他说：

为西施易，为貂蝉难。西施只要哄得一个吴王；貂蝉一面要哄董卓，一面又要哄吕布，使出两副心肠，装出两副面孔，大是不易。我谓貂蝉之功，可书竹帛。

不过，批判的声音也很强烈。嘉靖年间，明“后七子”的首领王世贞在《见有演〈关侯斩貂蝉〉传奇者，感而有述》一诗中写道：

董姬昔为吕，貂蝉居上头。
自夸予帷幄，肯作抱衾裯。
一朝事势异，改服媚其仇。
心心托汉寿，语语厌温侯。
忿激义鹘拳，眦裂丹凤眸。
孤魄残舞衣，腥血溅吴钩。
兹事岂必真，可以快千秋。
旦闻抱琵琶，夕弄他人舟。
售者何足言，受者能不羞？
宁为楚虞姬，一死不徇刘。

诗的前四句，说貂蝉开始事董卓，后又投身于吕布，甘心做人的姬妾；五至八句，说她在吕布失败之后又献媚于吕布的仇敌关羽；九至十四句，言貂蝉为关羽所斩，此事虽未必然，但亦足以引为千秋快事；十五至十八句，说她朝秦暮楚，反复无常，一无足取；最后两句，通过颂扬殉项而誓不从刘的虞姬，否定貂蝉。

关于貂蝉的结局和归宿，大概有以下五种不同的结果：

其一，大家所熟知的是《三国演义》的处理方式：吕布助王允诛灭董卓后，以貂蝉为妾，后来，曹操擒杀吕布，将她载回许都，此后便下落不明。

其二，元人杂剧《关大王月下斩貂蝉》，只存曲目，不详内容。

从题目上得知，貂蝉死于关公刀下，这与民间传说相似：曹操绞杀吕布，貂蝉落到刘备手里，刘备、张飞都想娶她，关公怕误了国事，一刀斩之。

其三，传说曹操打败吕布后，把貂蝉赐给关羽，一则笼络这个将才，二则可以让关羽沉湎女色，丧失斗志；三则挑拨刘、关、张兄弟间的关系。不料，这个计谋早被关公识破，坚决拒绝接受。曹操无奈，只好让关公把她杀掉。貂蝉觉得非常委屈，一片赤诚报国，最后竟落到这个下场，便伤心地痛哭起来。关公动了恻隐之心，决定放她出走。可是，到哪里去呢？貂蝉表示要削发为尼，远离世事。于是，关公便护送她到了几百里外的净慈庵。

其四，还有一种结局是，事成之后，貂蝉主动参透迷津，看破红尘，最后修仙得道，成了正果。事见明人诸葛味水撰写的《女豪杰》杂剧。

其五，近时又有新编川剧《貂蝉之死》，共分五场：水淹下邳；貂蝉修书；关羽慕蝉；群雄惊艳；残月芳魂。刘、关、张随曹操攻吕布，水淹下邳。貂蝉劝吕布归顺曹操，吕布不肯。为了拯救全城百姓，貂蝉派遣秦宜禄送信给素所钦慕的关羽，请他转致曹操以百姓为念，立即将水退下。关羽敬服貂蝉的品识，顿生爱慕之心。数日后，秦宜禄缚吕布来降，曹操缢杀吕布，为了笼络关羽，将貂蝉赐之。成婚之夜，貂蝉柔情似水，即兴吟唱《倾心曲》，关羽亦心旌为之摇荡。刘备恐怕误了大事，遂提醒关羽勿忘“扶汉兴刘”大业。关羽无奈，只好忍痛遣走貂蝉。貂蝉突遭骤变，万念成灰，拔剑自刎，保持了侠骨柔肠、忠肝义胆的完美形象。

说到貂蝉的结局，我想到了西施。论行止，二人颇有相似之处，其事可嘉，其情可悯。当然，就实质来说，她们都做了统治阶级政治斗争的工具，最后的归宿都很凄惨，原是意料中事。貂蝉结局如上所述，那么，西施又怎样呢？

比较主流的说法是，越王勾践灭吴之后，西施跟随范蠡泛舟五湖，隐居起来。这倒风流潇洒，很合乎一般士人的心理。范蠡是很有远见的，他早就发现勾践这个人“可与共患难，不可与共安乐”，自己“大名之下，难以久居”，因此，破吴之后便急流勇退，改变姓名隐遁下去。

对于西施、范蠡归五湖的做法，清代大诗人吴伟业极为欣赏，有诗云：

霸越亡吴计已行，论功何物赏倾城？
西施亦有弓藏惧，不独鸱夷[1]变姓名。

这应该算是最理想的收场。可是，核诸史籍，发觉这种结果并不存在。一，上述情况《史记》中没有记载，只讲吴亡后范蠡变姓名，“浮海出齐”，并无西施随行之说。二，《吴越春秋·逸篇》载：“吴王败，越浮西施于江”。《墨子·亲士》中亦有类似记载：“西施之沉”，以“其美也”。细想一下，这是符合越王勾践阴险狠毒、刻忌寡恩的性格的。虽然同是悲剧角色，相形之下，倒觉得貂蝉的悲惨程度要淡一些。

[1] 范蠡别号。

马嵬坡下的三场辩论

一

唐玄宗李隆基的妃子很多，但后来走上京剧舞台，展现女性优雅、凄美形象的大概只有两人，一个是程派名剧《梅妃》里的江采萍，一个是梅派名剧《贵妃醉酒》里的杨玉环。同梅妃的生前寂寞、死后萧条形成鲜明的对比，杨妃生前大红大紫，炙手可热，死后更是闹得沸反盈天，以她为核心展开的争论，至今仍在进行。—— 我这篇就杨妃的历史评价及其生死谜团归纳出来的“马嵬坡下的三场辩论”，便是鲜明的例证。

为了帮助读者掌握这几场辩论的历史背景，首先，简要地叙述一下以这位女主角为中心的“本事”。

杨贵妃，小字玉环，原籍山西蒲州，唐开元七年（公元 719 年）出生在四川的蜀州。史书上说她：自幼养于叔父家，善歌舞，通音律，身材丰艳，姿色超群。杨玉环原本是唐玄宗的第十八子寿王李瑁的妻子，嫁过来时只有十七岁。后来，唐玄宗因心爱的武惠妃谢世，深情怀念，哀痛不已，后宫虽有几千美女，却没有一个人中意。有人报告称，寿王李瑁的妻子杨氏玉环，美貌惊人，绝世无双。皇帝一见，果然名下无虚，当即神魂颠倒，意注心驰。于是，唐玄宗授意她申请出家，去当道士，当即获得“太真”的道号。这边，唐玄宗又重新给寿王李瑁另娶了一个王妃。一切安排停当，唐玄宗便把杨玉环秘密接到皇宫里。这一年，唐玄宗六十一岁，杨玉环二十七岁。

杨玉环肌肤丰满，体态艳丽，气质高贵，而且精通音乐，又兼生性聪明机警，善于迎合皇帝，进宫不到一年，就得到了唐玄宗的极度宠爱。唐玄宗视她如掌上明珠，一切礼仪都和皇后一样；宫中都称她为“娘子”。天宝四载（公元745年），唐玄宗册封杨玉环为贵妃，封她的父亲杨玄琰为兵部尚书，任命她的叔父为光禄卿，两个堂兄分别为殿中少监和驸马都尉。杨贵妃的三个姐姐，个个姿容艳丽，分别被封为韩国夫人、虢国夫人和秦国夫人，也都在京城赏赐住宅，每年还有千贯钱作为脂粉之资。其从祖兄国忠，受封为金吾兵曹参军，特准可以随供奉官出入宫廷。后来杨国忠步步登高，总揽大权，专擅朝政，势倾天下。杨氏一家全都裂土分封，荣显盛于一时。

天宝年间，唐玄宗统治后期沉湎酒色，日益昏庸，荒怠政事，朝中实权先后由奸相李林甫、杨国忠把持。他们妒贤害能，任人唯亲，徇私舞弊，穷奢极侈，朝政腐败日亟。天宝十四载，兵权在握，身兼平卢、范阳、河东三镇节度使的安禄山发动叛乱，史称“安史之乱”。天宝十五载（公元756年）六月，唐玄宗带领杨妃及其家族和公主、皇孙，还有亲近的宦官，仓皇向西逃遁。

据《旧唐书》《新唐书》和《资治通鉴·唐纪》记载，唐玄宗一行到了兴平市西部的马嵬驿，禁军哗变，以为祸起杨家，不肯前行。大将军陈玄礼杀了杨国忠和他的儿子，以及韩国夫人、秦国夫人。军中将士的怨恨仍未解除，宦官高力士奏以“祸本尚在，军心不安”，要求唐玄宗忍痛割爱。唐玄宗犹豫不决，身旁大臣劝说：“众怒难犯，安危在顷刻之间，请陛下迅速裁决。”出语沉痛，并且叩头流血。唐玄宗说：“贵妃一直在深宫，怎么知道杨国忠阴谋？”高力士说：“贵妃当然没有罪，可是，将士们已经杀了她的哥哥，而她仍然留在皇帝身边，大家怎能放心？将士不安定，陛下也不可能安定。”唐玄宗只好差遣高力士带杨贵妃到佛堂，用绸带将她勒死。杨贵妃时年三十八岁。

二

首场辩论的参加者，是历朝历代的诗人。辩论是从价值层面上展开的：如何评价杨贵妃这个历史人物？她是不是“安史之乱”的祸胎？从杨贵妃在马嵬坡香消玉殒那天起，迄于今日，千余年来，一直众说纷纭，莫衷一是。诗人们尤其予以特殊的关注。大体上有批判、肯定、同情三种不同的意见。

第一类，持批评态度。以唐代著名诗人杜牧《过华清宫》为代表：

新丰绿树起黄埃，数骑渔阳探使回。

霓裳一曲千峰上，舞破中原始下来。

唐玄宗沉湎女色，不理朝政。在各方强烈的要求下，朝廷派出探使，前往渔阳，侦察安禄山的虚实。但是，由于探使接受了贿赂，回来虚报军情，盛赞安禄山赤心报国，忠于皇上。这样，唐玄宗便与杨贵妃耽于享乐，日日沉醉在“霓裳羽衣”的轻歌曼舞之中，直舞到“千峰”之上，最后，把整个“中原”都舞破了。诗人运用生动的形象，夸张的手法，寄托深刻的寓意。杨贵妃固然不能直接舞“破”中原，但中原之“破”，却由于唐玄宗无尽无休地酣歌醉舞，沉湎女色，不理政事。因此，杨贵妃是不能辞其咎的。

白居易的《长恨歌》也当属于这一类。从“汉皇重色思倾国”到“渔阳鼙鼓动地来，惊破霓裳羽衣舞”一节，开头的大段描写反映了祸乱酿成的脉络，集中渲染了唐玄宗自纳娶杨贵妃以后，在宫中纵欲、行乐，终日沉湎酒色的情况。所有这些，都是酿成“安史之乱”的原因。

白居易在新乐府《李夫人·鉴嬖惑也》中写道：

伤心不独汉武帝，自古及今皆若斯。
君不见穆王三日哭，重璧台前伤盛姬。
又不见泰陵一掬泪，马嵬坡下念杨妃。
纵令妍姿艳质化为土，此恨长在无销期。
生亦惑，死亦惑，尤物惑人忘不得。
人非木石皆有情，不如不遇倾城色。

诗中说，不独汉武帝嬖幸李夫人，古代还有周穆王嬖幸爱妃盛姬的事。周穆王为美人盛姬筑台，状如重垒之璧。他在台上怀拥盛姬，共浴夕阳，伴她度过了人生的美好时光。后来盛姬病死，穆王依皇后之礼葬毕，大哭三日。白居易批评他“心轻王业如灰土”，“一人荒乐万人愁”。诗的最后，落脚在李、杨的爱情上。泰陵是唐玄宗的陵墓，这里代指唐玄宗。

而批评最为尖锐、严苛的，应数南宋时商挺的《骊山怀古》：

女色迷人祸更长，千年烽火化温汤。

无情一片骊山月，照罢周家又到唐。

诗中以杨贵妃比曾让周幽王“烽火戏诸侯”的爱妃褒姒，认为她们都以女色祸国殃民，招致动乱。

明永乐年间进士薛瑄《马嵬》七律，有“号令风行遍九州，六军何事此淹留”，“路边三尺妖姬土，长带千秋万古羞”之句。“妖姬土”，“万古羞”，无异于指着鼻子破口骂詈。明末进士王思任的《马嵬歌》同样持批评态度：“夜半无人语未寒，大家好住魂先逸。不是三郎负玉环，玉环自引胡儿缢。”意思是，贵妃之死，祸由自取——由于她宠爱“胡儿”安禄山，最后，“胡儿”反叛，她也跟着搭上了性命。

第二类，对杨妃持肯定态度。诗的数量很多，意见也比较集中。唐末至五代时的状元诗人徐寅题《马嵬》七绝一首：

二百年来事远闻，从龙谁解尽如云。

张均兄弟今何在？却是杨妃死报君。

诗人题诗时，上距“安史之乱”大约二百年。“从龙”，随从帝王创业，这里指跟着唐玄宗逃到四川的人，语含讥刺。宰相张说的两个儿子张均、张垍，分别官至刑部尚书和九卿之一的太常，可是，却都接受了安禄山所授的伪职。诗中说，那些大臣们一个个都跑到哪里去了，只剩下个妃子，最后以死相报。

清嘉庆进士、山西赵城县知县杨延亮《题马嵬驿》：

孤负凭肩誓后身，六军相逼太无因。
肯拼一死延唐祚，再造功应属美人。

清代剧作家洪升《长生殿》写唐玄宗与贵妃“夜半凭肩私咒”。这里说，唐玄宗与杨贵妃当年无比亲昵，凭肩发誓他生也要相聚，但一切都“辜负”了。

清代诗人李羲文《过杨太真墓》：

马嵬永诀六龙骖，匹练[1]酬恩意自甘。
拚却红颜安反侧，美人于此胜奇男。

诗的大意是，杨妃“匹练酬恩”，以安“反侧”，美人于此，胜过奇男。

---

[1] 缢死时用的绸条。

还有清代女诗人万叶丹的《书〈长恨歌〉后》七绝，也鲜明地站在杨贵妃一边，直接予以颂赞：

翠羽西行唤奈何，六军兵谏逼金戈。

拼将一死纾君难，愧杀从行将士多。

第三类，对杨妃之死表示同情、惋惜，代替死者讲公道话。这类诗歌占的比例也比较大。

最早的是唐代诗人李益，“马嵬坡之变”时他已经九岁了，许多事情可说是亲历亲闻的。因而他的看法尤其值得重视。李益《过马嵬》诗：

汉将如云不直言，寇来反罪绮罗恩。

托君休洗莲花血，留记千年妾泪痕。

由于写的是本朝事，李益在落笔时还是有些顾忌的。“汉将”其实就是唐将。诗的中心是代杨贵妃鸣不平：满朝文武，谁也不肯向皇帝直言相谏。等到贼寇到了，天下大乱，反而把罪愆推到一个女子身上，岂非咄咄怪事！

清代著名诗人袁枚在《随园诗话》中表示，他对陈玄礼逼死杨贵妃持有异议，在《再题马嵬驿》诗中指责陈玄礼：

万岁传呼蜀道东，鬻拳兵谏太匆匆。

将军手把黄金钺，不管三军管六宫。

“鬻拳”，人名，春秋时楚国宗室后裔。鬻拳因事诤谏楚文王，文王不从。鬻拳乃以兵器威胁文王，强使他改正错误。袁枚在此以陈玄礼比鬻拳。

晚唐时的著名诗人罗隐的《帝幸蜀》一诗写得更巧妙，更尖锐，更具说服力：

马嵬烟柳正依依，又见銮舆幸蜀归。
地下阿蛮应有语，这回休更怨杨妃。

晚唐中和元年（公元881年），黄巢攻克长安，唐朝第十八任皇帝、终日嬉玩游乐的唐僖宗李儇，也跟当年的唐玄宗一样逃往四川避难，躲避了四年之久。诗人借助这件事，对指责杨贵妃的人予以回击——这回死去多年的“阿蛮[1]”可要站出来说话了：“你看，李儇也跑到四川来了，看来还是不要埋怨杨妃为好。”

无独有偶，唐末进士韦庄在《立春日作》一诗中发表了同样的见解：

九重天子去蒙尘，御柳无情依旧春。
今日不关妃妾事，始知辜负马嵬人。

那么，究竟应该归罪于谁呢？清道光年间进士赵长龄的《马嵬》

[1] 唐玄宗的小名。

诗做了直接而明确的回答：

不信曲江信禄山，渔阳鼙鼓震秦关。

祸端自是君王启，倾国何须怨玉环。

矛头所向，直指皇帝，而且有理有据。“曲江”，唐开元年间的尚书丞相张九龄的别称。张九龄是一位有胆识、有远见的著名政治家、文学家，当年曾向唐玄宗建议：“禄山狼子野心，有逆相，宜即事诛之，以绝后患。”可是，唐玄宗听不进去，不仅没有杀他，反而倍加信任。

三

起死人于地下，把这三种不同的见解罗列出来，各抒己见，畅所欲言，确实可以看作是一场别开生面的辩论。以上是第一场。

那么第二场辩论的主题是什么呢？

绝大多数人都承认，根据历史记载杨贵妃在“马嵬坡之变”中确实是被处死了。不过，对于她是怎么死的，死在了什么地方，却还存在着激烈的争议。对此，史家与诗人各有所见，各执一词。

关于杨贵妃的死因，正史《旧唐书》《新唐书》的本传和《资治通鉴·唐纪》，以及野史《杨太真外传》等，都明确地记载是“缢死”。何谓“缢死”？词典上解释，“勒人之颈而使之死也”。既然是勒颈而死，自然就不会有血溅出了。可是，到了一些诗人笔下，却与史家持截然不同的见解。就中尤以唐代诗人为甚。

且看有“诗史”之盛誉的杜甫。“马嵬坡之变”发生时，杜甫已经四十四岁，可说是同时代的人。恰巧，第二年春天杜甫又到了都城长安。他沿着流经城东南的曲江行走，一时触景伤怀，感慨万千。《哀江头》一诗就是当时心情的写照。在写到“昭阳殿里第一人”时，下了这样两句断语：“明眸皓齿今何在？血污游魂归不得。”前面引述的李益诗中，也有“托君休洗莲花血”的诗句。白居易的《长恨歌》也写道：“君王掩面救不得，回看血泪相和流。”另外，杜牧《华清宫三十韵》中亦有“喧呼马嵬血，零落羽林枪”之句。“血污游魂”，“休洗莲花血”，“血泪相和流”，“喧呼马嵬血”，血，血，血！显然，在这些诗人的心中，杨贵妃绝非如正史所记是被缢死的。

既然不是被缢而死，那么“佛堂前”“梨树下”之类的记载，也就值得怀疑了。这又产生一个死的地方的争议。相当一部分论者认为杨贵妃死在乱军之中。且看柏杨白话版《资治通鉴》中关于这段乱象的记载：

吐蕃王国使节二十多人，正拦住杨国忠马头，诉苦说找不到饮食，杨国忠还没回答，士卒们就大声呼喊说：“杨国忠联合胡人叛变！”有人一箭射出，射中杨国忠的马鞍。杨国忠惊骇逃跑，逃到驿站西门里，士卒们一拥而上，把他乱刀砍死，并像杀猪一样，剁下他的四肢，用长枪挑起人头，竖在驿站门口；同时，诛杀他的儿子、国务院财政部副部长杨暄，及韩国夫人、秦国夫人。总监察官魏方进斥责说：“你们怎么敢谋害宰相？”士卒又把他砍死。最高监督长韦见素得到混乱消息，出来察看，士卒扑上去，用铁器猛击他的头部，打得脑血齐流。

已经失去理智的士卒，多年的积愤无处发泄，实在忍无可忍了，便进行疯狂报复。冤有头，债有主。在这种情况下，把罪魁祸首杨氏家族“一锅端”、剪草除根是他们共同的意志。既然随行的两个姐姐都被杀掉了，杨贵妃也完全有可能死在乱军兵刃之下。因此，诗人们所写的未必都属无稽之谈。

其实，诗是完全可以用来证史的。现代史家就颇为推崇“以诗证史”的治史方法，也就是以“诗”为史料来证史、说史，解读历史。在这方面，史学大师陈寅恪先生的《元白诗笺证稿》做出了楷模式的探索，达到了高妙的境界。关于为什么可以“以诗证史”，陈先生说得十分清楚：“中国诗虽短，却包括时间、人事、地理三点。中国诗既有此三特点，故与历史发生关系。把所有分散的诗集合在一起，于时代人物之关系，地域之所在，按照一个观点去研究，连贯起来可以有以下的作用：说明一个时代之关系；纠正一件事之发生及经过；可以补充和纠正历史记载之不足。”

当然，有些史家对“以诗证史”的做法持有异议。他们认为，包括诗在内的文学创作，固然需真实的史实为原形素材，尤其是诗史性的作品，纪实成分很大。但是文学作品毕竟有特殊的品格——既可虚构，也可纪实，它对“史实”的处理方式远比史学来得自由，所以不能无条件地据此进行论证。

这场辩论的结果，也许无法“定于一”，但多一种认识就多开辟一条解读的渠道，对学术研究终究是有所裨益的。我更加关注的问题是，为什么会发生诗人咏歌与史书记载不一致甚至大相径庭的现象。我认为，这是一个更加有趣、也值得深思的研究课题。这里有三个因素：一是诗人咏歌与史书记载所据史实的来源渠道不尽一致。史书记载来源于官方的正式文件，包括史官记载的种种资料；而诗人记载的则是当地——有的还在当时，如杜甫、李益等——口耳相传的传说，也不排除军中将士、当地民众等某些亲历者的见闻；二是出于“为尊者讳”和其他某种考虑，官方史料存在着规范化、统一性、选择性地事后精心加工的特点；而诗人所听到的，当是杂沓的、错乱的“言人人殊”的信息，同样存在着整理、加工的成分；三是就史料的严谨性、规整性来说，或者就对待史料的态度来说，正史有特殊的品格，因为史家强调“无征不信”；而诗人则相对情感化一些，不可能、也不要求他们必须“出言有据”。

职是之故，把诗人列为承辩者的一方，是完全必要的、正当的。

四

如果说，第一场辩论的三方都是诗人；第二场辩论的双方是诗人与史家；那么第三场辩论则是民间口头传播者及当代某些学者为一方，古代的史官与史家为一方。这场辩论的主题是：“马嵬坡之变”中杨贵妃究竟死没死？如果没有死，那么她的下落何在？

史家认为，杨贵妃之死是凿凿有据的。《资治通鉴·唐纪》中专门记载了这样一段：唐玄宗下令把贵妃尸体抬到驿站庭院，召唤陈玄礼等将领进去察看。陈玄礼看过后，叩头请求宽恕，唐玄宗慰劳嘉勉，命他们向士卒解释。说明杨贵妃确实死了，并经陈玄礼等人确认。这还有疑问吗？

可是民间传说认为，那场动乱中杨贵妃并未死于马嵬驿，而是辗转流落到了民间。这种观点在史学界根本未予置信，甚至连考证与驳辩的兴趣也没有。他们分析认为，持“未死论”者大约出现在晚唐至元明之间，一些民间文学口头传播者，出于善良的愿望，觉得这样美丽的妃子不该死去。他们虽然同属底层人物，但与当事的造反军民不同，对于唐玄宗的淫逸、杨贵妃的骄奢没有切肤之痛，已经脱离了愤怒，对这位“牺牲品”“替罪羊”抱有同情与怀念。

但出乎意料的是，著名学者俞平伯先生在《长恨歌的质疑》和《从王渔洋讲到杨贵妃的墓》等文章中明确指出，杨贵妃辗转到了日本定居。经过对白居易《长恨歌》和陈鸿《长恨歌传》的考证，俞平伯得出了杨贵妃并未死于马嵬驿的结论。归纳起来，论据大致有三：一是《长恨歌》中写杨贵妃马嵬之死闪闪烁烁，证明杨贵妃并未死于马嵬坡。而当时六军哗变、贵妃被劫、钗钿委地，诗中明言唐玄宗“救不得”，则正史所载“赐死”之诏旨，当时绝不会有；二是据陈鸿《长恨歌传》所言，“使人牵之而去”，显然，贵妃已被使者牵去，藏匿到远地了；三是《长恨歌》说唐玄宗回銮后要为杨贵妃改葬，可是“马嵬坡下泥中土，不见玉颜空死处”，竟连尸骨都找不到，进一步证实贵妃未死于马嵬驿。

当代学者王菡一篇文章中有这样一段话：

关于杨贵妃之死，很成为前些时间的热门话题，而在数十年前，俞平伯就曾根据《长恨歌》及《长恨歌传》提出杨贵妃没有死在马嵬坡的观点，周作人自日本朋友处知道日本山口县有杨贵妃墓，及有关杨贵妃在日本的一些传说，便写信告知俞平伯先生。俞平伯复信中曰："传说虽异，证据亦足为鄙说张目，闻之欣然。不知能否由日本友人处复得较详尽之记叙乎？"如此往返讨论的几封信，今天尚可看到，亦是难能可贵了。

由此可知，俞先生的论点也是获得知堂老人的支持的。

说到杨贵妃日本有墓，我忽然想起了一件往事。2008 年 3 月中旬，我率领大陆作家代表团访问台湾地区，到日月潭观光，接待我们的是南投县文化部门的一位文学博士。在同我们交谈时，他说，有一次访问日本见到了杨贵妃的墓，便问有关人士"根据何在"。

答复是："你们中国古代的白居易写得很清楚嘛！"

博士反诘："杨贵妃不是死在马嵬坡吗？《长恨歌》里分明讲：'六军不发无奈何，宛转蛾眉马前死。'"

日本朋友的答复是："《长恨歌》里还讲：'忽闻海上有仙山，山在虚无缥缈间。楼阁玲珑五云起，其中绰约多仙子。中有一人字太真，雪肤花貌参差是。'海上仙山在哪里？就是日本嘛！"

博士说："这种颠倒迷离的仙境，原都出自当事人与诗人的想象。"

日本友人答复："什么不是想象？'君王掩面'，死的是丫鬟还是贵妃，谁也没有看清楚。所以才说'马嵬坡下泥土中，不见玉颜空死处。'"

博士最后对我说，想一想，日本友人所说的也许有些道理。其实，李商隐的七律《马嵬》更值得注意。它在一开头就说："海外徒闻更九州，他生未卜此生休。"对于杨贵妃逃亡到日本的传说，可算是进一步的佐证。

据我查到的信息来看，日本民间和学术界有这样一种看法：当时，在马嵬坡被缢死的乃是一个侍女。禁军将领陈玄礼爱惜贵妃貌美，不忍杀之，遂与高力士合谋，以一侍女代死。而杨贵妃则由陈玄礼的亲信护送南逃，行至现在上海附近，扬帆出海，飘至日本久谷町久津，并在日本终其天年。

据日本学者渡边龙策在《杨贵妃复活秘史》一文中考证，杨贵妃逃出马嵬坡后，得到舞女和乐师的帮助，辗转到了扬州，在那里见到了日本遣唐使团的藤原制雄，在藤原的协助下，搭乘日本使团的船出海，在日本的海边渔村久津登陆，时间为公元757年。到日本后，杨贵妃受到天皇孝谦的热诚接待。后来，杨贵妃以她的智谋帮助孝谦挫败了一次宫廷政变，从此名声大震，获得日本人民尤其是日本妇女的好感。至今，还有日本妇女说自己是杨贵妃的后代。1963年有一位日本姑娘，向观众展示了自己的一本家谱，说自己是杨贵妃的后人；日本著名影星山口百惠也自称是杨贵妃的后裔。

现在，日本本州岛西南端、与亚洲大陆隔海相望的山口县，有一个名为"久津"的海边渔村，那里有一座杨贵妃墓，已经被列为国家级保护文物。京都等古城还有杨贵妃的塑像。

终古凝眉

一

那两弯似蹙非蹙、轻颦不展的凝眉，刀镌斧削一般深深地刻在我的脑海里。我想象中的易安居士，竟然是这样，也应该是这样。

斜阳影里，八咏楼头。站在她长身玉立、瘦影茕独的雕像前，我久久地、久久地凝望着，沉思着。似乎渐渐领悟了，或者说捕捉到了她那饱蕴着凄清之美的喷珠漱玉的辞章的神髓。

千古风流八咏楼，江山留与后人愁。

水通南国三千里，气压江城十四州。

我一遍又一遍地暗诵着她流寓金华时题咏的、现时书写在塑像后面巨幅诗屏上的这首七绝。

八咏楼坐落在金华市区的东南隅，是一组集亭台楼阁于一体的风格独特的建筑。楼高数丈，坐北朝南，耸立在高阜台基上。登上百余级石阶，凭栏眺望，南山列嶂，双溪蜿蜒，眼前展现出的画卷，俨然一幅宋人的青山绿水。

八咏楼初名玄畅楼，为南朝著名文学家、史学家、时任东阳郡太守的沈约所建，至今已有一千五百多年的历史。因为沈约曾在楼上题写过八咏诗，状写其愁苦悲凉的意绪，后人遂以“八咏楼”名之。唐宋以降，李白、崔颢、崔融、严维、吕祖谦、唐仲友等诗人骚客，都曾登楼吟咏，畅抒怀抱，一时云蒸霞映，蔚为壮观，遂使它成为浙中一带具有深厚文化积淀的著名人文景观。当然，就写得苍凉、凝重，大气磅礴，堪称千古绝唱这一点来看，易安居士的这首《题八咏楼》当为压卷之作。

女诗人感慨无限地说，在强敌入境、国脉衰微的艰难时世，像八咏楼这样“水通南国”“气压江城”，占尽千古风流的东南名胜，留给后人的已经不可能是什么“遥襟甫畅，逸兴遄飞”的博雅风华了；而漫天匝地、塞臆填胸的只有茫茫无际的国仇家恨。“愁”字为全篇点睛之笔。诗中婉转地抒发了深沉的爱国情怀和对南宋统治者一味割地献金以求苟安一隅的讥讽。

现今的八咏楼为清代建筑，由四部分组成，前为亭廊，重檐歇山顶，亭内塑有沈约胸像，壁间综合介绍了建楼的历史；后三部分是一组三进两廊的硬山顶木架结构，展厅气派，朱红的楹柱托举着高大的屋顶，正中悬挂着郭老手书的“一代词人”匾额，下方是一座雪白的易安居士雕像，四周陈列着她的生平经历和诗词文赋代表作品。

这种前轻后重、喧宾夺主、后来居上的现象十分耐人寻味，它使人联想到成都的武侯祠，明明是昭烈庙，里面却主要陈列着诸葛武侯的文物。说来道理也很简单，“诸葛大名垂宇宙”，他的声望高出先主刘备许多。较之沈约，李清照在一般人心目中也是如此。难怪有人说，历史的影子总要打在现实上，对于历史的叙述与解释，必然带有叙述主体的选择、判断的痕迹。由于历史的认识是一种追溯性的，它不能回避也无法拒绝后人的当代阐释。

二

拾级步下层楼，我们穿过两条小巷来到婺江的双溪口。此间为武义江与义乌江两水交汇之处，故得名“双溪”。婺江流到这里，江面陡然变宽，水域十分开阔，所以沈约在《八咏楼》诗中有“两溪共一泻，水浩望如空”之句。现在处于枯水季，尽管水量不算少，流势却纾徐、平缓，已经见不到当年那种双流急泻、烟波浩渺的气势了。

我们不妨把时针拨回到八百六十多年前的初冬十月。就是在婺江双溪口的水旱码头上，已经过了“知天命”之年的易安居士旅途劳顿，面带倦容，风尘仆仆地走出了船舱，她是从临安登上客船来此间避难的。

“客子光阴诗卷里”，“又不道、流年暗中偷换”。转瞬间，已经由金风飒飒变成了煦日融融。禁不住窗外“绿肥红瘦”，“淡荡春光”的撩拨，她曾多次动念，想走出那褊窄、萧疏的住所，步上八咏楼头，然后再徜徉于双溪岸畔，面对着滔滔西下的清溪和载浮载沉的凌波画舫，重温一番已经久违多年的郊外春游。

我们知道，她是特别喜欢划船的。少女时期，她曾经在溪上贪玩，“沉醉不知归路。兴尽晚回舟，误入藕花深处”。结婚之后，还曾在“红藕香残”的深秋时节，“轻解罗裳，独上兰舟”。可是这一次却偏偏错过了大好春光，她虽然痴痴想望，实际上却未曾泛舟溪上，而是了无意绪地恹恹独坐空房，捧着书卷，暗流清泪，哪里也不想去。最后，她抛书把笔，写下了一首调寄《武陵春》的春晚词：

风住尘香花已尽，日晚倦梳头。物是人非事事休，欲语泪先流。

闻说双溪春尚好，也拟泛轻舟。只恐双溪舴艋舟，载不动、许多愁。

这是一幅精妙绝伦的大写意。没有用上五十个字，词人就把自己心事重重、满腔悲抑、双颊挂着泪珠的愁妇形象及凄苦心境，活脱脱地描绘了出来。

这是一个特定时间——正值残红褪尽、风光不再的暮春时节，它与人生晚景是相互对应的。太阳已经升起老高了，女主人公还呆呆地坐在床前，懒得把头发梳理一下，含蓄地表现了她内心的凄清、愁苦。接着就交代这凄苦的由来：于今，风物依然而人事全非，令人倍增怅惋。正因为所遭遇的是一种广泛的、剧烈的、带有根本性的重大变化，故以“事事休”一语结之。在这样凄苦的情怀之下，自然是还没等说出什么，泪水就已潸潸流注了。

下片将词意宕开一笔。为了摆脱这冰窖似的悲凉和抑郁难堪的苦闷，女主人公也打算趁着尚好的春光泛轻舟于双溪之上；可是，她马上又打消了这种念头。她担心蚱蜢一般的小舟难以承载这塞天溢地、茫茫无尽的哀愁，因此，只好作罢。—— 这当然是一种虚拟，泛舟未果的真正原因在词的上片已经讲述清楚了。“闻说”“也拟”“只恐”三个虚词迭用，就把矛盾、复杂的心理变化刻画得宛转、周折，细致入微。

三

易安居士从小就生活在一个学术、文艺气息非常浓厚的家庭里，受过良好的启蒙教育和文化环境的熏陶。她在天真烂漫的少女时代，也像其他女孩子一样，对人生抱着完美的理想。童年的寂寞未必没有，只是由于其时同客观世界尚处于朴素的统一状态，又有父母的悉心呵护和优越的生活条件，整天倒也其乐融融，一干愁闷还都没有展现出来。及至年华渐长，开始接触社会人生，面对政治旋涡中的种种污浊、险恶，就逐渐感到迷惘、烦躁；与此同时，爱情这不速之客也开始叩启她的灵扉，撩拨着这颗多情易感的芳心，内心浮现出种种苦闷与骚动。那类“倚楼无语理瑶琴”，“梨花欲谢恐难禁”，“醒时空对烛花红”的词句，当是她春情萌动伊始的真实写照。

十八岁，李清照和宰相之子、太学生赵明诚结婚。她的父亲李格非是一位文学家，时任礼部员外郎；公公赵挺之做吏部侍郎，两家堪称门当户对。而他们夫妇更是文学知己，情投意合，可说是古今难觅的一对才子佳人。婚后，李清照曾写一首《减字木兰花》词，说尽了初婚时节的甜蜜：

卖花担上，买得一枝春欲放。泪染轻匀，犹带彤霞晓露痕。怕郎猜道，奴面不如花面好。云鬓斜簪，徒要教郎比比看。

他们的精神生活非常充实。据李清照自述，她经常陪着丈夫逛古玩摊和旧书店。每当买回文物古书，夫妻就一起展玩咀嚼，或者品佳茗、校经籍，自谓人间之乐无逾于此。这个时期，她的作品多是围绕贵族少女、少妇的生活来写，笔调充满欢快、优雅。

无奈好景不长，出嫁第二年，她的父亲由于被诬为元祐党，不得在京任职，被罢归原籍；尔后又有诏令："党人子弟，不论有官无官，并令在外居住，不得擅到阙下。"这样，她就被迫离京，生生地与丈夫分开。三年后，明诚的父亲故去，他便回到青州，与清照一起过上一段相对闲适的生活。他们在"归来堂"相与赏花赋诗，搜求金石书画。据清照在《金石录后序》中记载：

余性偶强记，每饭罢，坐归来堂烹茶，指堆积书史，言某事在某书某卷第几页第几行，以中否角胜负，为饮茶先后。中即举杯大笑，致茶倾覆怀中，反不得饮而起。

明诚撰《金石录》，清照代为修改，"笔削其间"，心情十分舒畅，两人已"甘心老于是乡矣"。也是在这期间，清照还写了以"别是一家"著称的《词论》。就中对北宋一朝的文宗词伯多有论列，而且时有尖锐批评。诸如：柳永词“变旧声作新声”，“虽协音律，而词语尘下”；张子野、宋子京等，“虽时时有妙语，而破碎何足名家”！特别是对于晏珠、欧阳修、苏东坡（实际上主要是针对苏东坡），在肯定其“学际天人”，作小歌词简直像从大海中取一瓢水那样容易的同时，尖锐地指出“皆句读不葺之诗尔，又往往不协音律者”。意思是说，苏东坡以诗为词，他的词都是一些长短不齐的诗，又于音律不协。

李清照主张词“别是一家”，作词在内容风格上都要有别于诗。她在创作中严格遵守以诗言志、以词抒情的固有传统。比如，大家都熟悉的《乌江》：“生当为人杰，死亦为鬼雄。至今思项羽，不肯过江东”；还有本篇开头引述的《题八咏楼》——这类极具历史感和士大夫气概的雄浑恣肆、凝重豪迈的篇什，在她的《漱玉词》中就绝难找到。

也难怪她词坛高踞，俯视群伦，她确实是可以和历代第一流作手相抗衡的女词人。对于她的批评、指摘，后世学人绝大多数都予以肯定，衷心佩服她的眼光和勇气。

四

易安居士的感情生活是极具悲剧色彩的。除了这一段和丈夫一起过得畅怀适意，其情其景，不啻神仙眷侣；尔后便每况愈下，步步走下坡路。

青州相聚十年，明诚便单独前往莱州赴任。临行前夕，清照填写了一首调寄《凤凰台上忆吹箫》的词：

香冷金猊，被翻红浪，起来慵自梳头。任宝奁尘满，日上帘钩。生怕离怀别苦，多少事、欲说还休。新来瘦，非干病酒，不是悲秋。

休休，这回去也，千万遍《阳关》，也则难留。念武陵人远，烟锁秦楼。惟有楼前流水，应念我、终日凝眸。凝眸处，从今又添，一段新愁。

李清照研究专家陈祖美教授分析认为，这首词写的是丈夫远行前夕难以为别的心情和对别后孤寂情状的拟想，以及对丈夫“天台之遇”的担心。《漱玉词》中，旨涉伉俪睽违的至少占三分之一，但作者如此明显地作为送行人出现，这是唯一的一首。

词上下阕各分两层。第一层写词人特定心情下的感受。金炉（金猊，指狮子形金属香炉）香冷，锦被横陈，慵自梳头，宝奁尘满，说明她在离别之际了无心绪。第二层切近“离怀别苦”的主题。许许多多话，本待要尽情倾吐，但“欲说还休”。“新来瘦”，非干病酒，又不是因为悲秋，那为什么？就是因为伤离惜别。这就引出第三层意思：离别。一曲《阳关》千遍唱，也是难留。惜别之情，跃然纸上。第四层，“武陵人远”写丈夫，用刘晨、阮肇天台遇仙女的典故，暗写她对丈夫可能出现“天台之遇”的担心；这么写，自然也有告诫之意。“烟锁秦楼”，写自己妆楼独居。凝眸处，旧愁之外又添得一段新愁。

随着靖康难起，故土沦亡，宋室南渡，她一次次遭受悲惨命运的沉重打击，特别是丈夫猝然去世，这种苦痛她实在是难以承受。为丈夫料理完后事以后，由于悲痛、劳累过度，她曾“大病一场，仅存喘息”。这期间，她写了祭文和多首悼亡诗词。

在《祭赵湖州文》中，有“白日正中，叹庞翁之机捷；坚城自堕，怜杞妇之悲深”之句。上句用《传灯录》典，说丈夫先己而亡，后死者悲痛尤深；下句典出《孟子》，意谓自己的深悲剧痛同于杞妇。

悼亡诗有《偶成》：

十五年前花月底，相从曾赋赏花诗。
今看花月浑相似，安得情怀似昔时！

同时，清照还填写了多首悼亡词，其中《南歌子》：

天上星河转，人间帘幕垂。凉生枕簟泪痕滋。起解罗衣聊问、夜何其。

翠贴莲蓬小，金销藕叶稀。旧时天气旧时衣。只有情怀不似、旧家时。

每一句写的都关乎她与丈夫以前的情事。“翠贴莲蓬小，金销藕叶稀”，是说她自己身上穿的绣制花纹的罗衣，经过典当和多年服用，金线已经磨损，花纹已经褪色，过去亲手绣出的莲蓬、荷叶也稀疏、陈旧了。衣是旧时衣，人是旧时人，只是情怀迥异了。与悼亡诗意吻合。

五

自北朝庾信创作《愁赋》以来，善言愁者，代有佳构。形容其多，或说“谁知一寸心，乃有万斛愁”，或说“茫茫来日愁如海”，“恰似一江春水向东流”；通过诗人的巧思，看不见摸不着的悲情愁绪形象化、物质化了：“浓如野外连天草，乱似空中惹地丝”，“闭门欲去愁，愁终不肯去。深藏欲避愁，愁已知人处”。而到了易安居土笔下，则更进一步使愁思有了体积，有了重量，直至可以搬到船上，加以运载。真是构想奇特，匪夷所思。

李清照少历繁华，中经丧乱，晚境凄凉，用她自己的话说：“忧患得失，何其多也！”它们具有极为繁杂而丰富的内涵，也像她本人所说的，不是一个“愁”字所能概括得了的。翻开一部渲染愁情尽其能事的《漱玉词》，人们不难感受到布满字里行间的茫茫无际的命运之愁，历史之愁，时代之愁，其中饱蕴着作者的相思之痛、婕妤之怨、悼亡之哀，充溢着颠沛流离之苦，破国亡家之悲。

但严格地说，这只是一个方面。若是抛开家庭、婚姻关系与社会、政治环境，单从人性本身来探究，也即是透视用生命创造的心灵文本，我们就会发现，原来悲凉愁苦弥漫于易安居士的整个人生领域和全部的生命历程，因为这种悲凉愁苦自始就植根于人的本性之中。这种生命原始的悲哀，在天才心灵上的投影，正是人之所以异于一般动物，诗人之所以异于常人的根本所在。

这就是说，易安居士的多愁善感的心理气质，凄清孤寂的情怀，以及孤独、痛苦的悲剧意识的形成，有其必然因素。即使她没有经历那些家庭、身世的变迁，个人情感上的挫折，恐怕也照例会仰天长叹，俯首低回，比常人更多更深更强烈地感受到悲愁与痛苦，经受感情的折磨。

正是由于这位“端庄其品，清丽其词”的才女自幼生长于深闺之中，生活空间十分狭窄，生活内容比较单调，没有更多地向外部世界扩展的余地，只能专一地关注自身的生命状态和情感世界，因而作为一个心性异常敏感，感情十分脆弱且十分复杂的女性词人，她要比一般文人更加渴望理解，渴望交流，渴求知音；而作为一个才华绝代、识见超群、具有丰富的内心世界的女子，她又要比一般女性更加渴求超越人生的有限，不懈地追寻人生的真实意义，以获得一种终极的灵魂安顿。这两方面的特征紧密地结合在一起，相生相长，相得益彰，必然形成一种发酵、沸腾、喷涌、爆裂的热力，生发出独特的灵性超越与不懈的向往、追求。反过来，它对于人性中所固有的深度的苦闷、根本的怅惘，又无疑是一种诱惑，一种呼唤，一种催化与裂解。

六

而要同时满足上述这些高层次的需求，换句话说，要达到精神世界异常充实和真正活得有意义有价值，则需要从两个方面提供保证：一是真情灼灼、丝毫不带杂质地去爱与被爱；二是通过卓有成效的艺术创造，确立自己特殊的存在。用一句话来概括，就是必须能够真正求得一种心灵上的归宿与寄托。

应该说，这个标杆是很高很高的了。好在易安居士有幸都接触到了。就后者而言，她能自铸清词，骚坛独步，其创获在古代女性作家中是无与伦比的；前一方面，通过与赵明诚的结合，也实现了情感的共鸣，灵魂的契合，生命的交流，尽管为时短暂，最后以悲剧告终。为了重新获得，她曾试图不惜一切代价，拼出惊世骇俗的勇气，毅然进行重新选择，然而所适不偶，找错了人，终于铸成大错，从而陷入更深的泥淖。至此，她构筑爱巢的梦想宣告彻底破碎，一种透骨的悲凉与毁灭感占据了她的整个心灵。

于是，她就经常生活在想象之中。现实中的爱，游丝一般苍白、脆弱，经受不住一点点的风雨摧残，只有在想象中爱才能天长地久。前人有言“诗人少达而多穷”，“盖愈穷则愈工”，现实中爱的匮乏与破灭，悲凉之雾广被华林，恰好为她的艺术创造提供了源源不竭的灵泉。

梧桐更兼细雨，到黄昏，点点滴滴。这次第，怎一个愁字了得；

吹箫人去玉楼空，肠断与谁同倚。一枝折得，人间天上，没个人堪寄；

如今憔悴，风鬟雾鬓，怕见夜间出去。不如向帘儿底下，听人笑语。

一系列千古绝唱，正是在这种心境下写成的。

可见，一个灵魂渴望自由、时刻寻求从现实中解脱的绝代才人，她那讨取生活唯一的去处就是诗文了。我们虽然并不十分了解易安居士幽居杭州、金华一带长达二十余载的晚年生活，但有一点可以断定，就是她必定是全身心地投入到诗文中去。那是一种翱翔于主观心境的逍遥游，一种简单自足、凄清落寞的生活方式，但又必然是体现着尊严、自在，充满了意义追寻，萦绕着一种由传统文化和贵族式气质所营造的典雅气氛。

诚然，易安居士的《漱玉词》仅有五十几首，传世的诗文还要更少一些，比起那些著作等身、为后世留下更多精神财富和无尽话题的文宗巨擘，未免显得有些寒酸，有些薄弱。可是一部文学史告诉我们，诗文的永生向来都是以质、而不是以量取胜的。如同茫茫夏夜的满天星斗一般，闪烁着耀眼光芒的不过是少数的几颗。

作为一个有限存在，一代词人李清照早已随风而逝，可是她那极具代表性的艺术的凄清之美，她那灵明的心性和具有极深的心理体验的作品内容，她那充分感性化、个性化的感知方式和审美体验方式，却通过那些脍炙人口的辞章取得了无限恒在，为世世代代的文人提供了成功的范本，像八咏楼前“清且涟漪”的双溪水一样，终古滋润着浊世人群的心田。

泉路何人说断肠

一

那年，我第一次到杭州，正值梅子黄时。撑着一把布伞，漫步在丝丝细雨之中。这里靠近“门前春水碧如天”的西子湖，是古临安的著名街巷，据说当年朱淑真的旧游之地桃村就在这一带。

女诗人的《断肠诗词》里有“东风作雨浅寒生，梅子传黄未肯晴”的锦句。今天看来，除了物候大致不差，其他一切都已经满目皆非，地面上的楼台、屋宇，不晓得已经几番倾圮、几番矗起了。一般的景观我无心过问，只是关注着那些被写进诗词的“东园”“西楼”“桂堂”“水阁”“迎月馆”“依绿亭”，想从中寻觅到作者的哪怕一丝一毫的心痕足迹。结果呢，除了失望，还是失望。

据说，我们的现存古籍多达十万余种，单是南宋以降的史书、笔记，即足以“处则充栋宇，出则汗牛马”。可是，翻检开来，关于这位了不起的文学精灵的兰因絮果，竟然统付阙如。不妨追问一句：那些连篇累牍、不厌其详地记载的究竟都是些什么物事？怎么就偏偏悭吝于这样一位传世诗词达三四百首的旷代才人！史笔操纵在男性手中，那些专门为帝王编撰家谱的御用文人们，心全都偏在腋下了。

“林亭感旧空回首，泉路凭谁说断肠？”提起唐婉来，人们无不为之伤怀悼惜，尤其是那位陆老诗翁数十年间痴情未泯，咏怀忆旧，叹惋不止。可是，大约同时期的朱淑真，无论是当时还是后世，又有谁为之深情悼惜或者愤慨不平呢！说来也是很可悲的。

二

童稚时期读过蒙学课本《千家诗》，在二百二十六首五七言律绝中，有朱淑真《落花》《即景》两首。“谢却海棠飞尽絮，困人天气日初长。”每当春困难挨之时，脑子里便会涌现出这两句诗来。

有一次，我在雨中贪玩，竟然忘记了吃饭，耽搁了上课，塾师带着愠色，让我背诵《千家诗》中咏雨的诗篇。当我吟过“天街小雨润如酥，草色遥看近却无”；“绿遍山原白满川，子规声里雨如烟”等令人赏心悦目的清丽诗章之后，老先生轻轻点了一句：“朱淑真的诗，你可记得？”我猜想指的是那首《落花》：“连理枝头花正开，妒花风雨便相催。愿教青帝常为主，莫遣纷纷点翠苔。”因为觉得太感伤了，有些败兴，便摇了摇头。老师也不勉强，只是轻叹一声：“还是一片童真啊，待你到了我这个年纪，就会懂得人生、懂得性理了。”说着，老先生就讲了朱诗的风致之佳，体悟之妙，还简单地谈了作者的凄凉身世。于是，这位女诗人在我那小小的童心中，除了赢得喜欢，赢得仰慕，又平添了几分怜惜、几丝叹惋、几许同情。

及至通览了《断肠诗词》之后，确认了老师的说法，诗境果然是苦涩而凄清：

哭损双眸断尽肠，怕黄昏后到昏黄。
更堪细雨新秋夜，一点残灯伴夜长。

秋雨沉沉滴夜长，梦难成处转凄凉。
芭蕉叶上梧桐里，点点声声有断肠。

断肠，断肠，断尽愁肠，道尽了人世间椎心泣血的透骨寒凉。

为《断肠诗词》作序的魏仲恭曾下过如下断语：

一生抑郁不得志，故诗中多有忧愁怨恨之语。每临风对月，触目伤怀，皆寓于诗，以写其胸中不平之气。竟无知音，悒悒抱恨而终。自古佳人多命薄，岂止颜色如花命如叶耶！

朱淑真的生命结局备极凄惨，而且扑朔迷离。辞世之后，一种说法是“残躯归火”。其根据来源于“魏序”：“其死也，不能葬骨于地下，如青冢之可吊。并其诗为父母一火焚之”。另有一说，“投身入水”，毕命于波光潋滟的西子湖。传说，她入水之前曾向着情人远去的方向大喊三声。真乃“重不幸也。呜呼惨哉！”

三

随着年华渐长，世事洞明，我的感知又出现了变化，也可以说获致一种升华。由童年时对朱淑真的无尽哀怜，转而为由衷地钦佩，赞美她的胆气、勇气、豪气，服膺其凛然无畏的叛逆精神。

对于女性来说，爱情不啻生命，她们总是把全部精神都投入爱情之中，因而显得特别凄美动人。古代女子尽管受着政权、族权、神权、夫权的重重压榨，脖子上套着封建礼教的枷锁，但从来也未止息过对于爱情的向往、追求，当然，表现形式不尽相同。

当命运搬了道岔，“所如非偶”，爱情的理想付诸东流的时候，大多数女性选择把爱情的火种深深埋藏在心里，违心地曲从父母之命，委委屈屈、窝窝囊囊地打发流年，断送残生。有一部分不甘心单纯做供人享乐的工具，更不认同“嫁鸡随鸡，嫁狗随狗”的混账逻辑，便暗地里进行抗争，偷偷地、默默地爱其所爱，“红杏”悄悄地探出“墙外”。而更甚者，则勇敢地冲出藩篱，私奔出走，比如西汉年间的卓文君。

在几千年的中国封建社会里，私奔一向被视为奇耻大辱甚至大逆不道。而卓文君居然敢于冒天下之大不韪，跟心爱的司马相如毅然逃出家门，大胆冲破封建礼教的约束，勇敢地追求婚姻自由，追求爱情的幸福，不惜抛弃优裕的家庭，去过当垆卖酒的贫贱生活。做到这一点十分不易，要终生承受周围巨大的舆论压力，没有足够的勇气是下不了这个决心的。

当然，较之她的同类，卓文君属于幸运之辈。由于汉初的社会人文环境比较宽松，不像后世礼教之网森严密布，卓文君遭遇的压力并不算大。再者，在旧时代，女性原本被压在社会的最底层，无法得见天日，而卓文君有幸投身于一个著名的文人，结果不仅没有遭到鞭笞，反而留下一段流传千古的风流佳话。

应该承认，从越轨的角度说，朱淑真同卓文君居于同一层次，登上了爱情圣殿的九重天。这里说的不是际遇，不是命运，而是风致和勇气。作为一位出色的诗人，朱淑真不仅肆无忌惮地爱了，而且还敢于把这神圣不可侵犯的权利张扬在飘展的旗帜上，写进诗词，形诸文字。这样，朱淑真的挑战对象就不仅是身边的亲人、仇人或各种不相干的卫道者，而且要冲击森严的道统和礼教，面对千秋万世的口碑和历史。就这一点来说，朱淑真的勇气与叛逆精神，较之卓文君有过之而无不及。何况，朱淑真所处的时代条件的恶劣、社会环境的严酷，超出西汉不知多少倍。

爱情永远同人的本性融合在一起，它的源泉在于心灵，从不借助外力，只从心灵深处获得滋养。这种崇高的感情，只有开始而没有结束。爱情消灭了时间、空间的限制，具有永生的品格。叛逆者的声音，敢于向封建礼教宣战的激情，无论是获胜或失败，都同归于不朽。

四

按照学术界的考证，以及朱淑真诗词所展露的，大略可知，朱淑真少女时代的闺中生活是无忧无虑的，并且有一个情志相通的如意情人。随着年龄增长，封建道德的桎梏与张扬个性的需求之间的矛盾日益凸显，这在朱淑真的诗词作品中有充分的反映。朱淑真刚刚步入豆蔻年华时，萌动的春心就高燃起爱情的火焰，虽是少女情怀，却也铭心刻骨。且看那首《秋日偶成》：

初合双鬟学画眉，未知心事属他谁。
待将满抱中秋月，分付萧郎万首诗。

“萧郎”常见于唐诗，大体指女子爱恋的男子。看得出，出嫁之前，朱淑真就已经意有所属了。未来情境，般般设想，诸如诗词唱和、一门风雅，大概都想到了。正由于心中存着这样一位俊逸少年，一位难得的知音，因而生命中的磅礴热情一直高燃着。那首《清平乐》词就把这种少年儿女的憨情痴态描绘得惟妙惟肖。

恼烟撩露，留我须臾住。携手藕花湖上路，一霎黄梅细雨。娇痴不怕人猜，和衣睡倒人怀。最是分携时候，归来懒傍妆台。

在含烟带露的黄梅季节，她来到湖上与恋人相见，一块游玩。淋着蒙蒙细雨，两人携手漫步，欣赏着湖中的荷花，后来觅得一处僻静的去处，坐下来窃窃私语，亲密无间。娇柔妩媚的少女，再也按捺不住内心的爱，索性不顾一切地倒入恋人的怀中，任他拥抱着，爱抚着，旁若无人，无所顾忌，如痴如醉地饱饮着美好恋情的香醪。

可是，由于“父母失审，不能择伉俪”，这场自由恋爱被生生地斩断了。父母把她嫁给一个根本没有感情、在未来也不会爱上的庸俗不堪的官吏。朱淑真万念俱灰，痛不欲生。

一定意义上来说，爱情同生命一样，是一次性的。真诚的爱恋一旦发生，心中有了意中人，就会在心灵深处留下永难磨灭的痕迹。这种唯一性的爱被破坏，很可能使以后的爱恋贬值。在这里，“一”大于“多”。对于这种现象，我们应该提到爱的哲学高度加以反思，而不应用封建伦理观念进行解释。

五

“事到无为意转平”。初始，朱淑真也曾试图与丈夫加强沟通、培养感情，并且随他出去一段时间。但是，“从宦东西不自由”，终因志趣不投，裂痕日深。及至丈夫有了新欢，朱淑真就更加难以忍受了。规劝过，抗争过，都毫无效果，最后朱淑真陷入极端的苦痛之中。于是以牙还牙，朱淑真重新投入旧日情人的怀抱。那般般情态与心境，都写进了七律《元宵》：

火烛银花触目红，揭天鼓吹闹春风。

新欢入手愁忙里，旧事惊心忆梦中。

但愿暂成人缱绻，不妨常任月朦胧。

赏灯哪得工夫醉，未必明年此会同。

当时，南宋小朝廷偏安一隅，过着荒淫奢侈的腐朽生活，元宵节盛况不减北宋。朱淑真曾有诗记载："十里绮罗春富贵，千门灯火夜婵娟。"就在这歌舞升平的上元之夜，她同旧日的恋人别后重逢，互相倾诉着赤诚相爱的隐衷，重温初恋时的甘甜与温馨。正是由于珍惜这难得一遇的时刻，也就顾不上去赏灯饮酒了。谁知明年是什么境况，能不能同游共乐实在难说。一种隐忧自始就潜伏在短暂的欢情里。

一年过去，元宵佳节重临。可是风光依旧而人事已非。朱淑真对景伤怀，感而赋《生查子·元夕》词：

去年元夜时，花市灯如昼。月上柳梢头，人约黄昏后。

今年元夜时，月与灯依旧。不见去年人，泪湿春衫袖！

词中的感情是那样的真挚，让局外人也不由得不感慨伤情。此时的元夜，虽然繁华依旧，但是"揭天鼓吹暖春风"的温情却不见了，留下的只是泪眼哭湿的春衫双袖。这种无望的煎熬，直叫人柔肠寸断。与朱淑真热恋过的那位青年，许是慑于社会舆论的压力、家长的阻挠，终因意志薄弱而退缩，此后再不敢或不愿露面了。

对于昔梦的追怀，对于往日的恋情和心上人的思念，成了疗治眼前伤痛的药方。且看《江城子》词：

斜风细雨作春寒。对尊前，忆前欢。曾把梨花，寂寞泪阑干。芳草断烟南浦路，和别泪，看青山。

昨夜结得梦夤缘。云水间，悄无言。争奈醒来，愁恨又依然。展转衾裯空懊恼，天易见，见伊难。

从眼前的孤苦忆及当日两情相悦、恩爱绸缪的情景，再写到离别时的悲伤，最后因相思至极而梦中相会，醒来一片茫然，宛转缠绵，缱绻无尽，而结果是绝望，是怨恨：

鸥鹭鸳鸯作一池，须知羽翼不相宜。

东君不为花为主，何似休生连理枝。

将矛头直指不合理的婚姻制度，责问它为什么要把不相配的人强扭在一起。在《黄花》一诗中，她借菊花言志，表达了自己绝不苟且求全的态度：“宁可抱香枝上老，不随黄叶舞秋风”。这在封建礼教森严的时代，是一种绝不妥协的叛逆行为。她日益感到人事的无常和空虚。据当时人记载：朱淑真“每到春时，下帏趺坐，人询之，则云：‘我不忍见春光也。’盖断肠人也。”

《减字木兰花·春怨》中是这样描述的：

独行独坐，独唱独酬还独卧。伫立伤神，无奈春寒著摸人。

此情谁见，泪洗残妆无一半。愁病相仍，剔尽寒灯梦不成。

六

有宋一代，理学昌行，“三从四德”的封建伦理，“饿死事小，失节事大”的残酷教条，禁锢森严，社会舆论对妇女思想生活的钳制越来越紧。当时，名门闺秀所受到的限制尤为严苛，“有女在堂，莫出闺庭。有客在户，莫出厅堂”，“莫窥外壁，莫出外庭。窥必掩面，出必藏形”。逼使闺中女子完全处于封闭、隔绝状态。有些无耻的男人，淫猥秽乱，不堪入目，词汇难以穷尽他们的丑恶，却不受苛责。完全属于人情之常的妇女再嫁却招人咒骂，更不要说“偷情”“婚外恋”了。什么“桑间濮上之行”，什么“淫娃荡妇”，一切想得出来的恶词贬语像一盆盆脏水泼到她们头上。

朱淑真作为一个爱恨激烈、自由奔放、浪漫娇痴的奇女子，不仅毫无顾忌地做了，而且还以诗词为武器，向封建婚姻制度宣战，公开对抗传统道德的禁锢，热烈追求个人情爱与自我觉醒。据说朱淑真是那位理学大师朱熹老夫子的族侄女，真是造反造到尊亲的头上，全不把传统社会的一切规章礼法放在眼里。结果，不仅自身不容于社会，遭迫害致死，而且那些掷地有声的辞章也惨遭毁损，付之一炬，致使“传唱而遗留者不过十之一”。

那首《生查子·元夕》词，竟至聚讼纷纭，从南宋一直闹到晚清。有的把它作为“不贞”的罪证，对作者加以鞭挞，承认

“词则佳矣”，但“岂良人家妇所宜邪”？有的则出于善意，为了维护作者的“贞节”，说是误收，把它栽到大文豪欧阳修头上。在纳妾、嫖妓风行的男权社会中，尽管欧阳修以道德文章命世，却没有任何人加以责怪。偏偏在一个女子身上就是大逆不道，岂非咄咄怪事！

其实，《断肠诗词》原本是十分娴雅、优美的，完全不同于那些淫媟污秽、不堪入目的货色。但在那些道学先生眼中，却通通成了罪证，他们一色的道貌岸然，却一肚子男盗女娼，“一见短袖子，立刻想到白胳膊，立刻想到裸体，立刻想到生殖器，立刻想到性交，立刻想到杂交，立刻想到了私生子。中国人的想象，唯在这一层能够如此跃进”（鲁迅语）。也许正是有鉴于此吧，朱淑真才写下那首反讽式的诗，以“自责”的形式谴责道学与礼教对女性的禁锢，抒发感时伤世的愤慨之情：

女子弄文诚可罪，那堪咏月更吟风。
磨穿铁砚非吾事，绣折金针却有功！

数百年后，清代文人吴敬梓在《儒林外史》中塑造了“自古及今难得的一个奇男子”形象——杜少卿。他“奇”在哪里呢？一是鄙弃八股举业、世俗功名，说“秀才未见得好似奴才”。二是敢于向封建权威大胆地提出挑战，在文字狱盛行之时，竟敢公然反驳钦定的理论标准——“四书”的朱注。三是敢于依据自己的人生哲学，说《诗经·溱洧》一章讲的只是夫妇同游，并非淫乱。四是，他不仅是勇敢的言者，而且还能身体力行，在游览姚园时坦然地携着娘子的手，当着两边看得目眩神摇的人，惊世骇俗地走了一里多路。那些真假道学先生为之痛心疾首，却又无可奈何。

那么若是将这位“奇男子”同理学盛炽的南宋时期的那位“奇女子”比一比，勇气、豪情，还有冲决一切、无所顾忌的叛逆精神，孰高孰下呢？

青天一缕霞

从小我就喜欢凝望碧空的云朵，像清代诗人袁枚说的：“爱替青天管闲事，今朝几朵白云生？”尤其是七八月间的巧云，如诗如画如梦如幻。虽然眺者自眺，飞者自飞，霄壤悬隔互不搭界，但在久久的深情谛视中，通过艺术的、精神的感应，往往彼此间能够取得某种默契。

我习惯于把望中的流云霞彩同接触到的各种事物作类比式的联想。比如，当我读了萧红的传记和作品，了解其行藏与身世后，便自然地把这个地上的人与天上的云联系起来——

看到片云当空不动，我会想到一个解事颇早的小女孩，没有母爱，没有伙伴，每天孤寂地坐在祖父的后花园里，双手支颐，凝望着碧空。

而当一抹流云掉头不顾地疾驶着逸向远方，我想，这宛如一个青年女子冲出封建家庭的樊笼，逃婚出走，开始其痛苦、顽强的奋斗生涯。

有时，两片浮游的云朵亲昵地叠合在一起，而后，又各不相干地飘走，我会想到两个叛逆的灵魂的契合——他们在荆天棘地中偶然遇合，结伴跋涉，相濡以沫，后来却分道扬镳，天各一方。

当发现一缕云霞渐渐地融化在青空中，消然泯没与消逝时，我便抑制不住悲怀，深情悼惜这位多思的才女。她，流离颠沛，忧病相煎，一缕香魂飘散在遥远的浅水湾……这时，会立即想起她的挚友聂绀弩的诗句："何人绘得萧红影，望断青天一缕霞！"

正是出于这种深深的忆念和对作品的热爱而希望了解其生活原型，即所谓"因蜜寻花"的心理，催动着我在观赏巧云的最佳时节——八月中旬，来到这神驰已久的呼兰，追寻女作家六十年前的岁月。

嗬！呼兰河，这条流淌过血泪的河，充溢着欢乐的河，依然夹带着两岸泥土的芬芳奔腾不息，跳动着诱人的生命之波。

穿过大桥，满目青翠中，一条宽阔的马路把我引入了县城。东二道街，十字路口，茶庄，药店，一切都似曾相识，一切又都大大地变了样。

但是可能因为期望过高，当我踏进萧红故居，却未免有些失望。寥寥几幅灰暗模糊的照片，一些作家用过的旧物，疏疏落落地摆在五间正房里。原有的两千平方米的后花园，那印满了萧红的履痕、泪痕和梦痕的旧游地，如今已盖上了一列民宅。更为遗憾的是，留下百万字作品的女作家的陈列室里竟没有收藏一页手稿、一行手迹。

想起坐落在圣彼得堡的普希金就读过的皇村学校，虽然经过一百七八十年的沧桑变化，包括战乱与兵燹，但是普希金当年的作业簿和创作诗稿依然完好无损地保存在那里。相形之下，深感我们在搜集、保存作家的手稿、遗物方面没有完全尽到责任。

当然，也可以顺着另一条思路考虑：这位叛逆的女性的前尘梦影原本不在家里。在她自己看来，这块土地沦于敌手之前，“家”就已经化为乌有了。她像白云一样飘逝着，她的世界在天之涯、地之角。“昔人已乘白云去”，如此而已。云，是萧红作品中的风景线。没有手稿，何不去读窗外的云？

“白云犹是汉时秋”。仰望云天，同女作家当年描述的没有什么两样，天空依旧蓝悠悠的，又高又远。大团大团的白云，像雪山，像羊群，像棉堆，像撒了的白银似的。我想，如果赶上傍晚，也一定能看到那变化俄顷，令人目不暇接的“火烧云”。

记得沈从文先生说过，云有地方性，各地的云颜色、形状各异，性格、风度不同。在浪迹天涯的十年间，萧红走遍大半个中国，而且曾远涉东瀛。她不会看不到沈先生盛赞不已的青岛上空的彩云，肯定领略过那种云的“青春的嘘息”和轻快感、温柔感、音乐感；她也该注意到关中一带抓一把下来似乎可以团成窝窝头的朵朵黄云。透明、绮丽的南国浮云，素朴、单纯；仿佛用高山雪水洗涤过的热带晴云；樱花雨一般的东京湾上空的绮云——这些恐怕都能引发女作家的奇思玄想。然而，她全没有记在笔下。

当豪爽的江湖行、亢奋的浪游宣告结束，“发着颤响、飘着光带”的胸境和“用钢戟向晴空一挥似的笔触”渐次消磨，而难堪的寂寞、孤独与失落感袭来的时候，她便像《战争与和平》中曾是战斗主力的安德烈公爵，受伤倒在地下，深情地望着高远的苍穹，随着飘飞的白云，回到梦里家园去寻求慰藉，慢慢地咀嚼着童年的记忆——这人生旅途中受用不尽的财富。

对萧红来说，尽管童年生涯是极端枯燥、寂寞的，家园并无温馨可言，甚至经常让她感到格格不入；但是“人情恋故乡”，就像一首诗描述的“满纸深情悲仆妇，十年断梦绕呼兰”，一颗远悬的乡心，痴情缱绻，离开得越远，回音便越响。于是，“一篇叙事诗，一幅多彩的风土画，一串凄婉的歌谣”，便在“永久的憧憬与追求”中孕育诞生了。

时代造就了萧红。难能可贵的是，她不仅在“五四”新文化运动影响下冲破封建枷锁，离家出走，成为中国北方的一个勇敢的娜拉；而且由于亲炙了反帝反封建的民主主义精神和得到一批革命作家及其作品的滋养，同时也接触了世界近代以来人文主义思潮和人道主义、个性主义的文化觉醒意识，她在文学创作伊始，就显示了崭新的精神世界，以稚嫩的歌喉唱出了时代的强音和民众的愿望。

对于乡园，她没有沉浸在一般层次上的眷恋、遐想与梦幻之中，而是超越了“五四”新文学的美学思索，在现实主义与个性主义、人道主义交叠的文化观点上，力透纸背地写出了“北方人民的对于生的坚强，对于死的挣扎”，深入地开掘其关于“国民性”的哲理反思和病态社会的无情清算。

她“以女性作者特有的细致的观察和越轨的笔致”，以充分的感性化、个性化的认知方式，通过散化情节、淡化戏剧性、浓化情致韵味的艺术手法，揭露帝国主义、封建势力造成的弥天灾难，展示病态人生、病态社会心理的形成，以引起人们疗救的注意。

作为一个根植于现实土壤的现代文化追求者和思想先驱，她始终以其深邃的思考和“另一个世界”的眼光，审视着这块古老而沉寂的大地，呼唤着“别样人生”，期待着黎明的曙色。而且为这一“永久的憧憬和追求”，付出了沉重的代价。

同那些跨越时代的文坛巨匠相比，萧红也许算不上长河巨泊。她的生命短暂，而且身世坎坷，迭遭不幸。她失去的不少，而所得可能更多；她像冷月、闲花一样悄然陨落，却长期活在后世读者的心里；她似乎一无所有，却在文学史上留下了一串坚实、清晰的脚印，树起了一座高耸的丰碑。她是不幸的，但也可以说她是很幸运的。

像萧红一样，呼兰河既没有长江的波澜浩荡，也不像黄河那样奔腾汹涌；呼兰县城更是普通至极的一个北方城镇。但是，地以人传，河以文传，由于这里诞生了一位著名女作家，它们已被镌刻在文学碑林上，变得名闻遐迩。这里的小桥流水、窄巷长街，都一一注入了生命的汁液，鲜活起来，充溢着灵性，吸引着无数中外游客。

而前来探访的客子、学人，也必然要对照萧红的作品去“按图索骥”，溯本寻源。这样，人文与自然相辅相成，历史和现实交辉互映，就益发强化了景观的魅力。

流光似水。如今，那被女作家诅咒过的岁月远逝了，那没有人的尊严和独立人格的牛马般的生活一去不复返了，女作家及其作品中的主人公血泪交迸的“生死场”已经照彻了灿烂的阳光。

在十字街头拐弯处，当年萧红读书的小学校还在。微风摇曳中，几棵饱经风霜的老榆树似在发出岁月的絮语。下课铃声响起，一群闪着澄澈、亲切的目光的活泼可爱的女孩子，野马般地拥向了操场，有的竟至和来访的客人撞了个满怀，随之而喧腾起一阵响亮的笑声。

我蓦然想起，《呼兰河传》中老胡家的团圆媳妇不也是这般年纪、这样天真吗？可是只因为她太大方了，走起路来飞快，头天到婆家吃饭就吃三碗，一点也不知害羞，硬是被活活地“管教”死了。

从“两眼下视黄泉，看天就是傲慢，满脸装出死相，说话就是放肆”的死寂无声的黑暗年代，到能够在阳光照彻的新天地里自由地纵情谈笑，这条路竟足足走了几千年！

如果萧红有幸活到今天，故地重游，看看呼兰河畔翻天覆地的变化，听劫后余生的王大姐讲讲她的苦尽甘来，再赏鉴一番故乡的“火烧云”，也许会用她那珠玑般的文字，写出一部《呼兰河新传》哩！